Qual é o seu valor?

Dados Internacionais de Catalogação na Publicação (CIP)
(Câmara Brasileira do Livro, SP, Brasil)

Reikdal, Marlon
  Qual é o seu valor? : sociedade, narcisismo, autodescobrimento / Marlon Reikdal. – 1. ed. – Petrópolis, RJ : Vozes, 2023.

Bibliografia.
ISBN 978-65-5713-906-6

1. Autodescoberta 2. Narcisismo 3. Psicologia 4. Sociedade I. Título.

23-158314   CDD-150

Índices para catálogo sistemático:
1. Psicologia 150
Aline Graziele Benitez – Bibliotecária – CRB-1/3129

Marlon Reikdal

Qual é o seu valor?

Sociedade
Narcisismo
Autodescobrimento

© 2023, Editora Vozes Ltda.
Rua Frei Luís, 100
25689-900 Petrópolis, RJ
www.vozes.com.br
Brasil

Todos os direitos reservados. Nenhuma parte desta obra poderá ser reproduzida ou transmitida por qualquer forma e/ou quaisquer meios (eletrônico ou mecânico, incluindo fotocópia e gravação) ou arquivada em qualquer sistema ou banco de dados sem permissão escrita da editora.

CONSELHO EDITORIAL

Diretor
Volney J. Berkenbrock

Editores
Aline dos Santos Carneiro
Edrian Josué Pasini
Marilac Loraine Oleniki
Welder Lancieri Marchini

Conselheiros
Elói Dionísio Piva
Francisco Morás
Gilberto Gonçalves Garcia
Ludovico Garmus
Teobaldo Heidemann

Secretário executivo
Leonardo A.R.T. dos Santos

Editoração: Luciana Chagas
Diagramação: Sheilandre Desenv. Gráfico
Revisão gráfica: Alessandra Karl
Capa: Érico Lebedenco

ISBN 978-65-5713-906-6

Este livro foi composto e impresso pela Editora Vozes Ltda.

A felicidade consiste, sobretudo, em se querer ser o que se é.

Erasmo de Roterdã

Sumário

Apresentação, 9

Introdução, 13

Os valores, 23

    Os valores que me deram, 23

    Os valores que aprisionam, 34

    As grandes tribulações, 43

As desconstruções, 53

    Sociedade do trabalho, 54

    Sociedade do consumo, 62

    Sociedade da competição, 71

    Sociedade do desempenho, 79

    Sociedade do utilitarismo, 85

    Sociedade do exibicionismo, 92

Perfeição, narcisismo e desvalor, 97

    O esforço egoico em ser, 98

Perfeição, 101

Perfeito para quem?, 109

Narcisismo, 117

Valor moral, 135

O trabalho do ego, 136

O moralismo que nos distancia, 145

Quem define o que é moral, 152

A sombra e a estruturação interna, 159

O imoral em nós, 160

Por trás da imoralidade, 169

A infância ferida, 183

Criando vínculos conosco mesmos, 191

O seu valor, 202

Beleza ou inteireza?, 203

O preço de ser quem somos, 215

Para não restar dúvida, 222

Referências, 228

Apresentação

Qual é o seu valor?

Esta pergunta não é apenas retórica, mas um convite para explorar nossa essência e descobrir a força que reside dentro de cada um de nós, em um caminho de autodescoberta e crescimento pessoal.

Com uma abordagem reflexiva e provocativa – um estilo bem conhecido por seus leitores –, Marlon nos conduz neste livro a uma compreensão mais profunda de um aspecto crucial da vida: a busca do valor que nos marca individualmente. Ele nos estimula, a partir da psicologia profunda e de autores que pensaram nossa sociedade contemporânea, a perceber que o valor pessoal deve ser descoberto, como um reconhecimento que surge a partir da consciência plena da nossa essência, da capacidade que temos de olhar para nós mesmos, com verdade e aceitação.

Ao longo da leitura fica evidente que, muitas vezes, é difícil separar o que temos como mais significativo em nós mesmos daquilo que desejamos ser para os outros, ou dos papéis e características que a sociedade espera que desempenhemos. Afinal, nosso tempo está tão marcado por superficialidades e pressões externas, que é necessário ter coragem para enfrentar o desafio de olhar para si mesmo em busca de um valor pessoal autêntico.

Marlon nos mostra que, quando não conhecemos nosso próprio valor, nos tornamos vulneráveis à validação externa, inseguros e ansiosos diante das questões que a vida nos apresenta. Uma das consequências disso é permitirmos que a visão que os outros têm de nós molde nossa identidade, levando-nos a usar máscaras sociais e adotar comportamentos que correspondam às expectativas alheias. Esta total descaracterização de quem somos e a perda do que temos de melhor para nós e para contribuir ao mundo, obviamente, não se sustenta por muito tempo sem que fiquemos adoecidos e mergulhados em um vazio existencial.

Nesse sentido, este livro se conecta com os livros anteriores do autor *Em busca de si mesmo* e *Qual é o seu legado?*, reforçando o percurso de autodescoberta proposto por Marlon.

Desta vez, a proposta de convidar você a percorrer uma jornada em busca do seu valor pessoal tem um roteiro muito bem definido: antes de tudo, é importante compreender as bases equivocadas em que normalmente buscamos o que nos define. Ao mostrar que estas bases não são sólidas, Marlon nos ajuda a identificar e contornar estas armadilhas de validação social. Somente com essa compreensão, e uma postura menos reativa e autodepreciativa, podemos orientar nossa atenção para a identificação de nosso valor pessoal, e construir uma estrutura interna capaz de aprofundar o autodescobrimento e nos permitir encontrar, finalmente, nosso lugar no mundo.

Desejamos a você uma excelente viagem interior, em busca de autodescoberta e reflexão!

Boa leitura!

Introdução

A pergunta "Quem sou eu?" é uma das mais inquietantes questões que têm acompanhado o ser humano desde o convite, inscrito no Templo de Delfos, atribuído aos Sete Sábios e datado de 700 a.C. Ela tem sido meu estímulo para a viagem interior e, ao mesmo tempo, motivação para compartilhar meus conhecimentos e reflexões com aqueles que estão no mesmo caminho.

No entanto, a pergunta "Qual é o meu valor?" me parece hoje uma das mais relevantes para a atualidade. Ela faz parte do descobrimento de si mesmo, mas, acima disso, é o preventivo para tantos transtornos mentais, vazios e desorientações que têm dominado os dias atuais.

Desconectados de quem somos, sucumbimos quase todos às armadilhas ditatoriais do mundo, na tentativa insana de nos adequar a valores e exigências exteriores, numa fantasia de que, ao alcançá-los, nos sentiremos preenchidos e valorizados. Contudo, vivemos breves instantes eufóricos para logo cair no vazio existencial.

Além disso, por desconhecer nosso próprio valor, ficamos completamente vulneráveis às experiências do mundo, inseguros com as avaliações, perturbados com as traições, ansiosos com as incertezas. Dada a desconexão com o nosso valor, o que o outro pensa ao nosso respeito ganha mais peso do que nossas concepções pessoais, os critérios massificados vão nos definindo de fora para dentro, e as redes sociais se tornam os porta-vozes de supostas verdades e princípios sem nenhum fundamento psicológico ou social saudável. A popularidade hoje é mais apreciada do que a sabedoria; cargos e salários se transformaram em métricas para definir o valor de alguém; desempenho e *performance* têm mais valor do que o ser humano.

Em meus estudos, primeiramente reconheci que os complexos psicológicos impediam as pessoas de identificar o próprio valor. Então, desenvolvi alguns cursos *online* para auxiliar na lida com tais complexos; afinal, quando estamos tomados por um complexo de inferioridade ou de superioridade, de poder ou de abandono, ficamos cegos para a compreensão de qual é o nosso verdadeiro valor.

No entanto, ao trabalhar na investigação dos complexos, pude verificar que muitas pessoas não têm uma estrutura interna mínima para lidar com eles, desconhecidas de si, construídas apenas em cima de olhares exteriores, ficam completamente absorvidas por esses complexos, sem se diferenciar de modo a estabelecer um diálogo interno edificante. O que identifiquei é que há que existir um mínimo senso de valor pessoal para alimentar uma vivência interior a fim de que as coisas se ajustem dentro de nós. Verifiquei também que esse desconhecimento do autovalor produz um ciclo vicioso, pois impede as pessoas de darem passos mais significativos em direção ao autodescobrimento. Isso porque, na medida em que não têm sustentação interna, elas não conseguem ir além e se arriscar na busca por si mesmas. Então, quanto menos se conhecem, mais vulneráveis ficam aos complexos e olhares externos e, por isso mesmo, menos se aprofundam em si, sendo conduzidas pela sociedade adoecida que produz ansiedade, depressão e suicídio.

Essas constatações revelam o enrosco no qual as pessoas se encontram e mostram como é desafiador sair dele, pois os complexos nos impedem de identificar nosso valor;

mas, sem uma noção mínima desse valor, não conseguimos lidar com os complexos. Da mesma forma, o autodescobrimento é o caminho para o autovalor; porém, sem uma noção mínima de valor pessoal, é muito difícil se aprofundar em si mesmo.

Sendo assim, a pergunta "Qual é o seu valor?" é uma forma de estimular os interessados a criarem uma estrutura interna que lhes permita aprofundar-se nas noções de "quem sou eu" e de "qual é o meu lugar no mundo". Desse modo, surgiu este conteúdo, em continuidade ao que propus nos outros dois livros publicados até aqui.

Na obra *Em busca de si mesmo* estabeleci algumas bases para o autodescobrimento, que, como filosofia de vida, oferece uma nova forma de nos relacionarmos conosco mesmos e, por consequência natural, passamos a nos relacionar diferentemente com o outro. Mas o mais incrível de todo esse processo é compreender como as mudanças se dão de dentro para fora.

A filosofia do autodescobrimento mostra como o ego é imaturo e incapaz de produzir mudanças significativas e verdadeiras. Com ela, aprendemos a viver mudanças primeiramente internas, decorrentes do despertar da consciência de quem somos e, então, tais mudanças se manifestam externamente, de tal modo que o comportamento se modifica por consequência da transformação da estrutura da personalidade.

Essa reflexão é complementada pela obra *Qual é o seu legado?*, na qual analiso o egoísmo como sintoma da miséria interior, da escassez psicológica, emocional e existencial que só pode ser sanada pelo próprio sujeito que aprende a cultivar a própria essência. Sendo assim, nosso legado, ou nosso compromisso com o mundo, nada mais é do que a expressão das nossas verdades; ou seja, do pacto que firmamos conosco mesmos.

Estabelecidas essas bases, podemos começar a pensar sobre o nosso próprio valor e assim dispor de uma estrutura interna um pouco mais consistente, que nos permita andar pelo "vale das sombras" sem tanta reatividade ou autodepreciação.

O escrutínio interior, quando pautado em base sólida, nos permite aprofundar a viagem em direção às nossas verdades, sem sermos afugentados pelos julgamentos impermanentes do mundo, nem pelos moralismos ultrapassados das religiões. Nessa viagem, um elemento favorece o outro, num incessante ciclo que envolve busca e encontro de si, bem como realização pessoal.

Com isso, minha intenção é propiciar a conscientização do valor que cada um de nós tem, daquilo que já somos mas não enxergamos.

O que lhe ofereço aqui são direcionamentos para a identificação de seu próprio valor, pois até agora a grande maioria das pessoas tem o olhar voltado para fora, numa busca exterior que mais esvazia do que preenche, mais inquieta do que acalma.

E que fique bem claro, desde o início, que este não é um livro sobre como desenvolver o seu valor. Não estamos no campo da autoajuda barata nem no das abordagens comportamentais simplistas que predominam na atualidade. Estamos situados no campo da psicologia profunda, onde se dá o intenso e constante trabalho de despertar da consciência, muitas vezes impreciso e sem promessas. É trabalho para a vida toda, de diálogo contínuo, de construções e desconstruções, numa incessante busca por esse despertar que se dá gradualmente à medida que adentramos nossa realidade interior.

Não escrevi esta obra para dizer o que você precisa fazer para ter valor – isso seria alimentar a ideia de que o que somos não vale nada e, portanto, devemos ser diferentes, dispor de mais coisas ou ser melhores. Esse discurso predomina em nossa sociedade; sem percebermos, ele alimenta a ideia de que o que somos não é suficiente e, então, precisamos ser algo que não somos. Mas isso não é verdade! O valor pessoal não está na dimensão do fazer nem do provar ser, muito menos na do atender às expectativas dos pais, da sociedade ou do mundo. É praticamente um movimento em sentido contrário, ou seja, desfazer-se de todas essas pressões e discursos para, assim, ter olhos para reconhecer aquilo que já se é e não era percebido como tal.

O valor pessoal é uma descoberta, não uma tarefa. O reconhecimento do valor decorre da tomada de consciência, da capacidade de conseguir se ver pelos próprios olhos, pelas lentes pessoais, humanas e verdadeiras de quem discerne a própria história e sabe o que é estar na própria pele.

Tenho certeza de que os direcionamentos elencados neste livro podem mudar sua vida. Mas esse objetivo só será alcançado se você tiver coragem de ir pra dentro!

Os valores

Não sou nada.
Nunca serei nada.
Não posso querer ser nada.
À parte isso, tenho em mim todos
os sonhos do mundo.

Fernando Pessoa, do poema
"Tabacaria"

Os valores que me deram

A descoberta do próprio valor pressupõe inúmeras desconstruções que decorrem do ato de nos diferenciarmos de nossos pais, de fazermos distinção entre nós e a sociedade, entre nós e os discursos religiosos, entre nós e nossas *performances*, cargos ou habilidades etc. Quero aprofundar esse assunto e abordá-lo de forma mais clara, com exemplos, para que você perceba como somos atravessados pelos discursos sociais, pela coletividade, sem que sequer nos demos conta de quanto somos estruturados a partir de valores que nos deram, sem pensarmos se nos cabem ou não, se são adequados para nossa realidade ou não, e nem ao menos se concordamos com eles ou não.

A maioria das pessoas não consegue proceder a tais diferenciações e, por esse motivo, adoece com a sociedade, visto que é incapaz de entender o que é melhor para si. Nessa toada, passa a vida inteira num autoesvaziamento, tentando ser para o outro, sem nunca ter se dado a chance de olhar no espelho e se ver por si mesma, sem a interferência dos olhos e dos julgamentos alheios.

Descobrir aspectos que lhe são genuínos e que não têm a ver com o outro – ou, por vezes, que o outro é incapaz de ver, acolher ou valorizar – é uma bela experiência à qual se tem acesso e merece ser vivida. Espero que você a vivencie inúmeras vezes!

Lembre-se de grandes personalidades, incluídas aquelas cujas biografias foram permeadas de sofrimento, como no caso de Beethoven, incompreendido por muitos em seu tempo, ou Francisco de Assis, criticado inclusive por seus amigos e familiares. Eles se enxergaram de um jeito incomum, contrariando o que lhes era dito ou exigido. Foram fiéis ao seu mundo interior e, por estarem conectados ao próprio valor, marcaram a história de forma indelével.

Em oposição, temos o exemplo de tantas pessoas bem-sucedidas socialmente e esvaziadas interiormente. Foram grandes nomes, sumidades conhecidas e valorizadas em todo o mundo, mas se perderam nas drogas, no álcool, no vazio existencial e até no suicídio.

É certo que construímos uma noção de "eu" a partir do mundo externo, mas essa construção está vinculada à inserção na vida coletiva, não consistindo, portanto, na definição de como devemos vivê-la. O problema está em termos feito dessa construção o referencial para toda a nossa existência, incapazes de estabelecer diferenciações ao alcançarmos a maturidade – no contexto psicológico, continuamos agindo como crianças e, nem mesmo aos 50 anos, conseguimos nos descolar das loucuras familiares ou sociais; consequentemente, não nos encontramos conosco mesmos.

Com raras exceções, todos fomos educados a olhar apenas para fora. Aprendemos a nos portar bem perante o outro, a nos arrumar para o outro, a não colocar o dedo no nariz quando o outro está olhando... Enfim, fomos treinados a estar o tempo todo voltados para o outro. E quando é preciso falar de uma experiência que não tem o outro como referencial, não temos a menor ideia de por onde começar.

Essa educação, totalmente direcionada para a dimensão externa, decorreu de pais que também não tinham real noção de seus valores e dispunham de muito pouca experiência de interioridade. Por sua vez, eles mesmos foram educados por pais que viviam em precariedade psicológica ainda maior.

Mas hoje, nós que temos acesso às ciências da alma, à filosofia, à educação, à sociologia, somos responsáveis por fazer essa grande virada na qual a atenção deixa de estar direcionada para fora e se volta para dentro, interrompendo um ciclo de esvaziamento pessoal.

Nossos pais não nos perguntavam o que estávamos sentindo ou que era importante para nós, tampouco nossos avós lhes faziam tais perguntas. Nós, porém, agora temos a autonomia psíquica e o compromisso de fazer isso em benefício próprio, diferenciando-nos do mundo lá fora.

Quando assim for, por simples consequência, educaremos nossos filhos apoiando-nos em outras bases: não em função das teorias de que nos apossamos, dos livros que lemos ou dos cursos que fizemos, mas pelo emanar daquilo que somos e do que vivemos conosco mesmos[1].

Como disse, aprendemos a olhar para nós mesmos através do olhar do outro. Isso é inevitável e pode ser considerado parte do desenvolvimento psicológico. É assim que desenvolvemos a linguagem e, através dela, nos relacionamos com o outro, com o mundo e conosco mesmos. Vamos dando nome às coisas, atribuindo sentido às experiências e construindo o mundo dentro de nós nessa

---

[1] Aqui cabe perfeitamente o ditado popular "Ninguém dá daquilo que não tem". As técnicas tão difundidas de educação positiva, comunicação não violenta etc., quando não acompanhadas do autodescobrimento dos próprios genitores, podem ser opressivas para esses pais, que, querendo fazer o oposto da educação que receberam, agem em oposição aos seus próprios pais, caindo em um outro extremo que faz de seus filhos pequenos tiranos e egoístas, indivíduos que manipulam, não conseguem lidar com frustração e acabam conseguindo tudo do jeito deles, sem aprender a se relacionar com o mundo de verdade.

relação com o outro. A criança pega algo do chão e instintivamente coloca na boca. Então os pais reagem dizendo: "Não faça isso! É sujo". A criança nem sabe ainda o que quer dizer sujo ou limpo, não é capaz de nomear, de classificar e dar sentido a isso por si só, mas, pela reação dos pais, que lhe tiram a coisa da boca, ela vai entendendo que aquele ato não deve ser repetido, que é inadequado. Em algum momento, ela até associa a coisa ao nome e diz "sujo", mas, ainda assim, continua colocando-a na boca. A criança está incorporando o mundo externo e, aos poucos, vai compreendendo as circunstâncias e moldando seu comportamento. Essa dinâmica vale para quase tudo, incluindo não apenas o ato de nomear, mas a maneira de se comportar e, principalmente, o sentido e o valor que essa criança atribui às coisas, às pessoas e a si mesma.

Cada atitude será interpretada pelo entorno como positiva ou negativa, reforçada ou rejeitada, e a criança vai se construindo a partir dessas relações, dando contorno ao próprio ser. Os pais dizem: "Que feio! Não pode!", ao que ela vai desenvolvendo um senso do que pode ou não pode fazer – ou, pelo menos, do que é aceito e valorizado e do que é reprimido e refutado –, até começar a se nomear e a atribuir valor a si também.

Quando digo que, mesmo mais velhos, continuamos agindo como crianças, psicologicamente falando, é porque muitos de nós, a despeito de termos a possibilidade de construir nossa própria família, pautamos nossa vida nos conceitos adotados pelos nossos pais. Repetimos as mesmas incoerências e as entendemos como o certo a fazer ou a verdade a seguir. Revelamo-nos incapazes de nos enxergar de dentro para fora e de erguer nossas próprias construções.

Você não é o que sua mãe ou seu pai pensam a seu respeito. Isso é assunto deles, tem relação com o que eles valorizam. Os julgamentos deles não definem seu valor, nem para mais nem para menos.

Os julgamentos de nossos pais, para o positivo ou para o negativo, são resultados dos conflitos que eles carregam. Em algum momento, a menina racional e inteligente, "a filha do pai", extremamente valorizada por sua dureza e independência terá que se descolar do genitor para descobrir suas próprias emoções e fragilidades.

A sensação de traição aos pais parece inevitável, mas é assim mesmo. Isso também acontece com os filhos da mãe narcisista que só sabia criticar e exigir, tendo como efeito um sentimento de inadequação e insuficiência que parece moldar a autoestima das crianças desde pequenas, de modo que elas nunca se sentem completas, adequadas ou a contento, abrindo margem para comportamentos perfeccionistas, obsessivos ou compulsivos.

Em certos casos, chegamos à conclusão de que nossos pais não nos amam. Algumas vezes, eles amam a imagem que projetaram em nós, e perceber isso é extremamente doloroso. Da mesma forma, há situações em que nossos pais de fato não nos odeiam, mas odeiam ver as características deles manifestas ou projetadas em nós. E, não raro, concluímos que sobrevivemos, apesar de nossos pais.

Precisamos, a partir dessa constatação, rever nossa história e aprender a contá-la com as nossas próprias palavras, com base no que nossos olhos veem e no que nossos sentimentos nos dizem.

Não se trata de nos desfazermos das relações familiares, nem de minimizá-las, mas de descobrirmos que nosso valor difere do que foi vivido e atribuído a nós. Somos pessoas muito diferentes em determinados aspectos e não podemos querer nos adequar aos mesmos moldes, pois o resultado disso é adulteração e esvaziamento.

Sei que esse caminho é delicado e, ao percorrê-lo, ficamos um tanto perdidos. Estamos tão imersos nos discursos alheios que já não temos clareza de quais são as nossas respostas e quais são as respostas dos outros que incorporamos como nossas. Não sabemos ao certo se as vozes que nos interpelam são as dos nossos pais, nossos amigos, nossos avós, nosso cônjuge, da sociedade de modo geral, nem se correspondem aos discursos que predominam na coletividade, nas mídias, ou são as nossas mesmas.

Por ora, sugiro que você não se detenha a traçar uma linha divisória, até porque nem acredito que ela exista. Alguns aspectos nos caracterizam notoriamente, mas foram estimulados por nosso entorno, enquanto outros foram tentativas de nos adequarmos por completo. Mas fato é que o raciocínio pelo qual tentamos fazer essa diferenciação não consegue avançar muito, pois os traços não são claros e definidos.

Nosso caminho é de crítica aos discursos que alimentam essa sociedade para que, naturalmente, o pulsar interior comece a se manifestar com mais clareza.

Os valores que aprisionam

Em alguma medida, todo valor que se estabelece em relação a alguém ou alguma instituição é uma prisão. Eu sei que esse é o caminho mais fácil e, para muitos, o único caminho conhecido. Também sei que se descolar dessa massa, nadar contra a maré, pode ser cansativo em alguns momentos e até nos colocar num vácuo. Porém, não vejo outra alternativa senão desenvolver esse olhar crítico e atento que vai desconstruindo tudo aquilo que nos validou, alimentando nossa imaturidade.

Acredite: é necessário suportar essa sensação de vazio e de angústia que brotam em nós. Não há como seu verdadeiro valor emergir sem essa destruição da qual não resta pedra sobre pedra, como disse Jesus.

Para que sua noção de valor seja internamente construída, você precisa primeiro reconhecer os aprisionamentos nos quais se colocou. Só assim poderá entender de que está abdicando, pois deixar as fantasias e muletas que o mundo tão prodigamente oferece não é um exercício fácil.

Há momentos de profunda solidão, de silêncio e até de desespero, pois esse aprisionamento, por mais constrangedor que possa ser, oferece um conforto egoico. Mesmo sendo uma prisão, dá a sensação de pertencimento, e estar dissolvido na massa é menos assustador do que ter que dar o passo à frente e se submeter à exposição que parece tão apavorante.

Não sei se serve de consolo ou ajuda, mas quero lhe dizer que esse constrangimento me acompanhou intensamente (e ainda me acompanha em várias situações) sem que eu tivesse ninguém para me dar suporte ou me incentivar dizendo o que aconteceria logo adiante. Minha sensação era a de adentrar um quarto escuro, deixando para trás uma sala confortável, mas na qual todos repetiam conversas que já não preenchiam minha alma.

Esses cômodos desconhecidos são aspectos do nosso inconsciente e, ao mesmo tempo, correspondem às novas possibilidades oferecidas pela nossa sociedade, chances de vivenciar aquilo que não foi vivido, estimulado, descoberto e agora clama por atenção. Já está evidente que a repetição dos padrões e valores alimentados até aqui não nos proporcionarão grandes realizações pessoais. Nosso meio social tem produzido exclusão, disparidades, desigualdades e sofrimentos, e não podemos continuar sentados na sala de estar, acomodados ao inaceitável, ao constrangedor, ao que consome nossa individualidade e nos destrói como família universal.

Hoje eu estou aqui contigo e, mesmo não podendo tirá-lo desse lugar constrangedor, quero que acredite que, após a noite escura, há de vir o sol de um novo dia.

O velho ego está sendo burilado nesse processo que não sabemos exatamente quanto tempo levará. Mas isso também não importa, pois os percalços da viagem, por mais longa que seja, certamente serão compensados pela beleza do que vislumbraremos no porvir.

Sei que a felicidade está no próprio caminhar, e não em um destino específico. Mas, depois que começamos a enxergar nosso valor, isso se torna um pouco mais palpável.

Todo valor que decorre do olhar do outro, da apreciação exterior ou das palmas do público é uma forma de prisão, pois parece não existir vida fora dessas coisas. É chegada a hora do grande rompimento. Mas não me refiro a romper com o mundo, opondo-se às pessoas. A transformação que precisa ocorrer é aquela em que abrimos mão do reconhecimento do mundo, da sustentação externa, da estrelinha que a professora coloca no caderno do bom aluno, para, em vez disso, tornar-nos adultos de fato – livres, libertos, maduros.

Aqui cabe a usual advertência aos chamados "opositores", que parecem estar se distanciando de tal referencial vicioso, mas não o estão. Embora não percebam, ao agir em oposição aos pais ou à sociedade, continuam tomando o externo como referência, ainda que seja para fazer o contrário do que testemunharam, para negar o que lhes foi ensinado ou exigido. Isso ainda é se basear no que está do lado de fora para, então, se construir em oposição a essa base. Agindo assim, seguimos impedidos de descobrir nossa própria centralidade psicológica.

Não estou aqui estimulando um comportamento anárquico, uma revolução social, um quebra-quebra desordeiro. O convite é para uma estruturação que se dê de dentro para fora, na qual o necessário e saudável encontro com o outro se dê a partir de nossas verdades, e não em oposição a elas, não nos aprisionando ao valor que o outro nos atribui.

São muitos os que assistem à propaganda que diz que determinada roupa é bonita, que aquele corpo é desejado, que tal hábito é valorizado, e, assim, se vendem muito facilmente, sem a mínima reflexão. Se a moda agora é viajar para a Europa, por que você ainda não viajou? No Museu do Louvre, a fila para tirar foto com a Monalisa é imensa, mas são raros os querem saber por que essa pintura é tão popular e qual a razão de ser considerada uma obra-prima.

A influência exterior se torna muito mais profunda e difícil de lidar quando atinge a noção de valor próprio. Para melhor ou para pior, somos influenciados pelo meio – e aqui vamos nos ater ao meio familiar –, de forma que perdemos a noção de quem somos para atender ao outro.

Ao que parece, em toda família há um irmão ou um primo desgraçadamente ideal, ao qual as mães, com seus traços narcisistas, desejam. Pode ser o bem-comportado, o estudioso, o carinhoso, o que for.

Isso resulta em comparações danosas para ambos os lados, pois aquele menino considerado modelo terá muita dificuldade de se descolar desse papel quando for mais velho e tiver vontade de largar o trabalho por se sentir consumido. Por sua vez, quem se distancia de tal modelo acredita que somente será visto e valorizado pela família quando "chegar lá", quando tiver as mesmas capacidades e competências do que é tido como exemplo.

Um pequeno parêntese: pode até ser verdade que os esforçados serão vistos e valorizados, mas o que se deve questionar é: o que isso muda? O valor dessas pessoas será outro? Há algum tipo de preenchimento existencial que resulta de ser valorizado por determinado grupo? Certamente não!

Então, atendamos ou não a tais expectativas ou desejos, nosso senso de valor e satisfação pessoal não se modifica. Ou pior: quanto mais tentamos atingir os ideais dos outros, mais nos distanciamos de nós, e isso, sim, agrava a realidade interior.

É a partir dessas construções externas que a criança extrovertida e expansiva começa a se sentir inadequada, vivendo numa família em que predominam a introversão e a discrição. Se for mais exibida ou sexualizada, ao lado de uma mãe repressora, por exemplo, é bem provável que seja julgada pejorativamente. Também pode ocorrer de a criança introvertida começar a se sentir inadequada e insuficiente numa família caracterizada pela extroversão e que valoriza a autoexpressão. Numa família de mulheres mais expressivas, por exemplo, essa criança será tachada como jacu do mato por apresentar um comportamento mais retraído.

Quem é a criança inadequada nessas situações? Nenhuma delas, ou todas elas, a depender do meio e das relações nas quais estão inseridas. Entende isso? Percebe como os sentidos vão se dando a partir das relações que estabelecemos e como essa realidade pode nos aprisionar?

Sim, esses são fatos inerentes ao nosso processo de inserção no mundo. Porém, o que não cabe mais é continuarmos a nos ver apenas pelos olhos do outro, sem desenvolvermos a própria capacidade de nos enxergar e avaliar. Esse ponto de virada que configura a maturidade emocional é o momento em que conseguimos nos distanciar do outro, da história dele e dos discursos que lhe atravessam, bem como dos aprisionamentos estabelecidos pela sociedade da qual todos fazemos parte.

Essa maturidade que proponho tem a ver com a capacidade de enxergar, com respeito e apreço, de onde viemos e o caminho que trilhamos para chegar até aqui, com todos os elementos que nos foram oferecidos, a sobrevivência às experiências, as dificuldades, os aprendizados, as superações, as escolhas, não mais pelos olhos alheios, mas pela perspectiva interior. Não há ninguém capaz de atribuir valor a esse trajeto senão nós mesmos.

As grandes tribulações

A parte mais difícil do nosso trabalho será aquela que implicará desconstrução, à qual vamos nos ater até a exaustão, sem deixar pedra sobre pedra. É preciso eliminar tudo o que o ego construiu para se sentir valorizado ou importante porque essa é a fantasia que tem feito de nós seres com pés de barro.

Embora necessária, essa desconstrução é desconfortável, pois nosso olhar é obscurecido, ofuscado pelos valores mundanos que nos impedem de enxergar o que verdadeiramente tem valor. Não há como fazer esse percurso para dentro sem primeiro nos desvencilharmos do que está nos aprisionando do lado de fora.

Meu objetivo é que você se sinta desnudado, sem defesa, no limite do convencimento de que sua vida não tem valor nenhum porque tudo aquilo a que você se apegava para provar seu valor foi desconstruído. É assim mesmo. E, para piorar um pouco mais a situação, por causa desse desvelar, você começará a identificar melhor seus mecanismos de defesa e traços narcisistas.

Então, quando se sentir no fundo do poço, desconectado de todas essas questões egoicas, você conseguirá se abrir para seu verdadeiro valor, que começará a brotar naturalmente – caso isso ainda não tenha acontecido – pelo reconhecimento de suas próprias verdades.

Alguns autores associam esse período de desconstrução à "noite escura da alma", citada por São João da Cruz ao tratar do desafio de desapegar-se do mundo para viver em união com o Criador. Há também a metáfora do deserto, em que é preciso se libertar do excedente para reter apenas o essencial. Pode-se ainda recorrer ao termo "claustro", que, embora esteja atrelado à religião, implica um simbolismo que remete ao abandono do mundo externo para favorecer a comunhão com o divino.

Pelo fato de não nos lançarmos a essa busca, isto é, por não viabilizarmos momentos de claustro e de deserto, ou, melhor dizendo, por fugirmos ativamente deles, em algum momento nos deparamos com a crise existencial, por alguns entendida como a crise de meia-idade ou mesmo como quadros de depressão e perda de sentido, nos quais o que tinha importância cai por terra e o que nos preenchia, ou nos entretinha, torna-se insuficiente para esconder os buracos da alma que precisam ser reconhecidos e, então, preenchidos com nossas próprias verdades.

Estou descrevendo isso apenas para que você se permita vivenciar sentimentos de solidão, inadequação e distanciamento, mas não se prenda a eles; antes, interprete-os como parte do processo, lembrando que estamos todos no mesmo barco.

Não há como fazer essa transformação sem a morte dos discursos que nos aprisionam. E veja: mesmo que nos restrinjam, esses grilhões têm ar de casa, de segurança. Experimentamos o conforto medíocre do peixinho que prefere viver no ambiente restrito a desbravar o mundo lá fora.

Assim, reforço a ideia de que é preciso *suportar*. A pressa em querer definir o próprio valor é a base das máscaras psicológicas que construímos. Não me refiro a um processo de curto prazo; por isso, somente aqueles que forem capazes de suportar a desconstrução, as perdas e as inseguranças terão o prazer de vivenciar o que é novo, profundo e transformador.

Talvez haja dias ou meses sombrios. Pode ser que esses períodos ocorram em diferentes momentos, entre idas e vindas. Mas não brigue com eles. Não seja infantil a ponto de querer manter o ego no pedestal, afinal há muita vida para ser vivida. Não tenha medo.

Essa discussão me faz lembrar de quando decidi mudar de país, viver alguns meses fora do Brasil. Precisei cancelar todos os meus compromissos, aulas, conferências, viagens... Escolhi abrir mão dos cargos que ocupava e da estabilidade que tinha e ir rumo ao desconhecido, sem dinheiro suficiente para permanecer lá por muito tempo, sem domínio da língua, num lugar onde eu era um completo estranho, incapaz de me comunicar adequadamente.

Claro que aquela decisão não aconteceu num simples rompante, pois eu vinha analisando os movimentos da minha alma havia meses, até que tomei a decisão de me arriscar. E me recordo de dizer para mim mesmo: "Ou você vai sucumbir, porque está abrindo mão de tudo o que alimentou até aqui, ou vai descobrir seu verdadeiro valor, que não está em nada do que alcançou".

Não estou com isso estimulando ninguém a viajar para o exterior. Embora muitos achem glamoroso viver fora, eu mesmo não partilho dessa percepção. O que estou estimulando, sim, é que você viva a desconstrução, da maneira como sua alma pedir. Isso implica abandonar os caminhos que levam sempre aos mesmos lugares e às roupas que já têm o formato do nosso corpo, como diz Fernando Teixeira de Andrade em seu poema "Travessia".

Temos à frente uma jornada intensa de desconstrução das bases falsas e superficiais nas quais nos estruturamos, e isso pode gerar grande constrangimento e mal-estar.

Para prosseguir na viagem que lhe proponho, você vai ter que aprender a segurar o fôlego, deixar as coisas desmoronarem, fechar os olhos para os embaraços. Prepare-se para deixar ir embora todas ou quase todas as suas certezas acerca de seu valor, desconstruindo as mentiras nas quais até aqui os outros lhe fizeram acreditar, pois, sem esse desabamento, não haverá grandes reconstruções.

Essa empreitada pode ocasionar um misto de culpa e arrependimento, demérito, aviltamento, um certo mal-estar por descobrir que há muito você vinha se enganando. Por isso me antecipo e já lhe estendo minha mão dizendo: "Não tenha receio! Vai ficar tudo bem!" Não há nenhum mérito ou realização em ser aplaudido por uma sociedade hipócrita, superficial, baseada em exterioridades, que valoriza mais o ter do que o ser, mais a aparência do que a essência. E você precisará viver o constrangimento de estar no palco sem os aplausos até descobrir que, de fato, seu lugar não é ali. Esse momento corresponde, para mim, a muito do que Jesus descreve como grandes tribulações, no capítulo 13 do Evangelho de Marcos. Tente abstrair a figura de Jesus das religiões a fim de enxergá-lo como uma figura histórica e compreender suas colocações como percursos para o desenvolvimento interior. Fazendo assim, tudo ficará mais claro.

Sei que, para a maioria das pessoas, Jesus é considerado uma figura religiosa. Mas eu não compartilho dessa ideia e entendo que precisamos desconstruí-la do mesmo modo que precisamos retirar os temas morais do domínio das religiões.

Essas são questões psicológicas, sociais, filosóficas e precisam ser valorizadas como tal. Jesus não implementou nenhuma religião, igreja ou seita. Se as religiões se apropriaram da figura dele e o transformaram num personagem religioso, problema delas; eu, como psicólogo e sociólogo, não compactuo com isso.

O fato é que Jesus foi um homem que desvendou os meandros da alma humana e da sociedade e precisa ser reconhecido como tal para que utilizemos seus ensinamentos em favor do nosso desenvolvimento psicológico e social. Falo de Jesus e o cito assim como faço com Sócrates ou Jung, mas já antecipo que, para mim, o nazareno foi além de todos, desvendando os dramas humanos, oferecendo caminhos e interpretações que até hoje ninguém conseguiu expressar com tamanha clareza e precisão. Para encontrar sentido no que afirmo, basta ler os evangelhos considerando seu contexto histórico e compreender aqueles ensinos como passos para um percurso interior.

Então, voltando-nos para as grandes edificações a que Cristo se referiu, podemos vê-las como construções do ego, pelo que o próprio Cristo, manifestado como nosso *Self,* diz: "Não ficará pedra sobre pedra; tudo será destruído. […] Isso será o começo das dores. […] Quem perseverar até o fim, será salvo. […] Nesses dias, depois da tribulação, o sol vai ficar escuro, a lua não brilhará mais, as estrelas começarão a cair do céu, e os poderes do espaço ficarão abalados. Então, eles verão o Filho do Homem vindo sobre as nuvens com grande poder e glória" (Mc 13,1-26).

As grandes tribulações são pessoais. Os templos egoicos que precisam ser destruídos são as personas que edificamos para atender o mundo lá fora, numa expectativa de que assim teremos valor ou importância. Embora as personas tenham sua utilidade em termos de relações sociais, porque são as máscaras com as quais nos apresentamos ao mundo, elas se tornam um grande problema quando usadas para esconder de nós mesmos aquilo que nos pertence mas de que receamos nos apropriar.

Enquanto não tivermos coragem de encarar a destruição dos ideais, dos moralismos, das imagens que cintilam por fora, e reconhecer nossa humanidade, não estaremos aptos ao encontro com as verdades que nos pertencem e nos sustentam. Somente mediante esse enfrentamento, o *Self*, como o representante divino em nós, predominará, e aí entenderemos por que Jesus disse que o reino dos céus está dentro de nós, e não no mundo exterior.

As desconstruções

*Estou hoje vencido, como se
  soubesse a verdade.
Estou hoje lúcido, como se estivesse
  para morrer,
E não tivesse mais irmandade com
  as coisas
Senão uma despedida, tornando-se
  esta casa e este lado da rua
A fileira de carruagens de um
  comboio, e uma partida apitada
De dentro da minha cabeça,
E uma sacudidela dos meus nervos
  e um ranger de ossos na ida.
Estou hoje perplexo como quem
  pensou e achou e esqueceu.
Estou hoje dividido entre a
  lealdade que devo
À Tabacaria do outro lado da rua,
  como coisa real por fora,
E à sensação de que tudo é sonho,
  como coisa real por dentro.*

**Fernando Pessoa, do poema
"Tabacaria"**

Sociedade do trabalho

Depois do valor pretensamente vinculado às amarras familiares, a valorização associada ao desenvolvimento profissional é uma das mais praticadas e evidentes na atualidade, tanto que, pelo menos entre os brasileiros, a pergunta "O que fulano faz?" é uma das questões mais frequentes quando se fala sobre alguém novo nas relações. O cargo profissional é também uma das primeiras respostas quando nos questionam quem somos.

Esse tema é tão significativo que, nos movimentos feministas, entre as buscas mais expressivas por igualdade para as mulheres, estão a entrada no mercado de trabalho e a equidade de cargos e salários[2], o

_____

2 Fique claro que eu acho que a mulher tem pleno direito a escolher se quer trabalhar ou não, mas defendo que não o faça com vistas a ser valorizada, pois nosso verdadeiro valor não vem da profissão. Em muitos casos, acho que a mulher faz bem em trabalhar para desenvolver seu potencial, para ter autonomia financeira e, prin-

que tem gerado até mesmo constrangimento às pessoas que preferem ficar em casa, que não querem despender tanta energia no trabalho remunerado ou não se importam em alcançar independência financeira porque se sentem confortáveis na relação em que se encontram[3].

Esse olhar valorativo não se resume ao fato de ter uma profissão, mas, acima de tudo, a exercer uma profissão de prestígio, e isso não passa de consequência das correntes coloniais que estamos arrastando há séculos, desde a época na qual se considerava "importante" o sujeito que ia estudar Medicina ou Direito na Europa.

---

cipalmente, para que não seja subjugada ao machismo nem ao patriarcado destrutivo, quando esse é o contexto em que vive.

3 Na sociologia, o autor Anthony Giddens oferece reflexões importantes sobre o que ele chama de "relações puras", nas quais há maior igualdade e, por isso, não são regidas por poder ou opressão. Essa é uma condição que tem transformado a intimidade dos relacionamentos.

Nesse barco furado que é a busca de valor pela profissão, está o pessoal que avançou degraus na pós-graduação e exige ser tratado como "doutor", extrapolando o tratamento dado a médicos ou advogados, como se os cursos que concluíram também fossem definidores de valor. Esse grupo é parte da turma que vai afundando e se perdendo cada vez mais por visar cargos mais elevados pelo desejo de liderar uma equipe, ter pessoas que estejam sob sua supervisão, como se essas coisas definissem valor existencial.

É como se o mote dessas pessoas fosse: "Meu valor está na profissão que exerço, no cargo que ocupo, no lugar que alcancei". Mas será mesmo? Que valor é esse que o trabalho parece proporcionar? Como fomos nos enveredando por essas sendas sem o discernimento de que isso não nos faz melhores que ninguém nem pode preencher nossa alma?

Acaso um engenheiro é mais importante do que um lixeiro? Alguém que tenha concluído uma graduação ou um programa de mestrado é melhor do que a diarista ou a dona de casa? Por que razão nos autorizamos tamanha insanidade a ponto de qualificar o ser humano a partir de cargos ou funções?

Sim, a pessoa que tem grau de doutorado em determinada área tem mais conhecimento específico nessa área do que quem não se dedicou a pesquisar assuntos afins; porém, de igual modo, a cozinheira tem mais habilidades em sua área de atuação do que o dentista, por exemplo. Mas quando foi que essas diferenças construíram uma hierarquia para definir quem está "em cima" e quem está "embaixo"?

Aprendemos desde pequenos a valorizar a profissão de modo desproporcional, tanto que, diante do questionamento "O que você vai ser quando crescer?", todos já sabíamos que a referência era o trabalho, mais do que qualquer outra dimensão da vida. Essa pergunta já estava ali, silenciosa, atribuindo valor pessoal com base na premissa de que sua profissão define quem você é. Como consequência, você assumiu que, se não tiver uma ocupação ou não for bem-sucedido na profissão que escolheu, não será ninguém. Daí o medo desesperador de não ter uma carreira exitosa, de não estar feliz com as próprias escolhas, de ter que mudar de área, como se isso denunciasse um fracasso, expusesse a marca de um desvalor.

Ademais, temos que prestar a atenção ao fato de que algumas pessoas têm no trabalho a ÚNICA fonte de valor. Seria essa a motivação do povo que se dedica tanto ao trabalho? Talvez sim, pois, se a profissão é a única fonte de valor e a vida é muito difícil de ser suportada, coloca-se toda a energia naquela escolha; então, no futuro, esses indivíduos se dão conta da trapalhada que fizeram. E é assim que muitos chegam à aposentadoria, resistindo incansavelmente, aumentando os gastos familiares para justificar a impossibilidade de diminuir a renda, atitude que, no fundo, revela medo de perder a única fonte de valor, mesmo que tal valorização seja falha e mentirosa.

Não sou genealogista nem historiador; não precisamos desse nível de profundidade. Mas há que se refletir sobre quanto valor atrelamos à profissão, ao cargo, ao salário – hoje mais do que nunca –, como se isso pudesse interferir no senso de identidade e preencher os vazios interiores.

Essa doença está tão presente na nossa sociedade que algumas pessoas são capazes de trocar o tempo com familiares e amigos, inclusive adoecendo física ou psiquicamente, para "subir de cargo" ou para se manter numa "alta posição", que, muitas vezes, corresponde mais à escravidão do que a outra coisa. Isso me remete às palavras do filósofo coreano Byung-Chul Han, na obra *Capitalismo e impulso de morte*, que diz "Vivemos atualmente um delírio de produção e de crescimento que se parece com um delírio de morte" (p. 7).

Acredito que grande parte dessa perda de medida está relacionada com as buscas interiores; entre elas, a busca por valor. Mas que verdadeiro valor haveria em estudar e exercer determinada profissão? É possível sentir-se realizado, experimentar uma sensação boa de fazer o que se gosta, crescer, aprender e se desenvolver, mas daí estabelecer valor. O que uma profissão agrega em termos de verdadeiro valor para o ego? Tem mais valor quem trabalha do que alguém que não tem uma profissão ou está aposentado? Quem trabalha deve ser tratado de modo diferente? Tem mais valor alguém que se pós-graduou do que alguém que cursou ensino técnico? Sim. Nesta sociedade ancorada em exterioridades, sim. Entretanto, para o mundo interior, para o caminho que culmina em autorrealização e valor pessoal, certamente não.

De fato, há um sentido mais profundo experimentado por aquele que exerce, como dizemos, "a profissão certa", pois essa pessoa está em conexão com seu potencial, com o que tem de melhor para oferecer ao mundo. Mas perceba que, mesmo nesse caso, o exercício da profissão não é um valor em si.

Não há nada de verdadeiramente significativo que decorra de um cargo ou ocupação; o senso de significado deriva da possibilidade de ser quem se é. A profissão em si, por maior prestígio ou relevo social que tenha, além de todas as questões exteriores a ela atreladas, é incapaz de proporcionar esse lugar de valor porque isso é uma conquista interna.

O que eu lhe digo é: "Você não é seu trabalho! Ele não define seu valor, não importa quão maravilhosos sejam seus resultados, seu sucesso ou seu cargo. Não importa quão bonito ou reconhecido você seja, nem quais sejam as consequências das tarefas que você executa. Sinto muito, mas essas coisas não definem seu valor!"

Sociedade do consumo

A questão econômica faz parte da complexa rede de valores que estamos investigando. Por isso, assim como para o trabalho, precisamos olhar para o consumismo, que também provoca em inúmeros desatentos, a sensação de valor, mesmo que fugidia. O consumismo é potencializado pela profissão, pois, quanto mais bem-sucedido o sujeito é financeiramente, maior é o poder aquisitivo dele, e, portanto, maior é sua possibilidade de consumo.

Algumas pessoas já me relataram que, embora não precisem gastar tanto, o simples fato de disporem de dinheiro e saberem que podem comprar lhes faz experimentar um senso de importância, de valor, por terem potencial para o consumo. É como se a voz dos discursos sociais, inconsciente, nessas pessoas, dissesse: "Quanto mais eu posso, mais eu valho", como se suas identidades se definissem a partir do que consomem. Tem cabimento isso? Nenhum! Mas elas estão inconscientemente impregnadas por essa percepção e só se darão conta da realidade quando perderem ou tiverem diminuídas as suas possibilidades de consumo.

O sujeito que viaja na classe executiva e se sente melhor do que aquele que vai na classe econômica não se ufana por poder desfrutar de uma viagem mais confortável, mas porque seu valor pessoal está atrelado à categoria do assento que ocupa. E, muitas vezes, só percebe isso no dia em que precisa voltar a viajar na classe econômica, quando então se sente menos valorizado do que os que estão na classe executiva.

O consumismo é uma das doenças da atualidade, descrito pelos sociólogos como uma das características das sociedades modernas capitalistas. O consumo de certos produtos está associado a determinada classe, a determinado grupo; portanto, para se sentir pertencente, você precisa ter acesso a tais produtos.

Inadvertidamente, as pessoas procuram atribuir valor a si por aquilo que consomem, como se o fato de vestirem uma roupa ou utilizarem um produto de determinada marca lhes conferisse maior valor. E essa loucura vai se disseminando a tal ponto que as falsificações ganham cada vez mais espaço, pois, se o indivíduo não tem dinheiro para comprar o produto X da marca Y, ele vai em busca de uma réplica que, em algum lugarzinho lá nos escombros do ego falido, o fará sentir-se melhor, tão somente pelas fantasias de valor que atrela ao produto.

O consumismo também pode ser analisado pela perspectiva psicológica da introjeção como mecanismo de defesa do ego. A introjeção é o mecanismo psicológico de internalização da imagem de outra pessoa, usado como sinônimo de identificação e motivado pelo interesse em dispor de qualidades alheias das quais o indivíduo se considera desprovido. É uma tentativa de igualar-se ao outro pela assimilação de elementos da personalidade deste mediante a reprodução de determinadas atitudes, hábitos, trejeitos. Pode ser, ainda, uma tentativa de igualar-se ao outro pela via do aspecto material, como na posse dos mesmos trajes, acessórios ou outros bens.

Diante desse cenário, a gente entende parte do comportamento de uma massa que, ao ver uma atriz ou cantora usando determinada pulseira, anseia por esse produto, numa fantasia de identificação com aquela figura pública e com o que ela representa.

Outro desdobramento dessa loucura que proliferou entre nós foi a facilidade de acesso a financiamentos, por vezes relacionada à crise econômica de 1929 nos Estados Unidos, como forma de reaquecer o mercado, que ficou conhecido como "modo de vida americano". Trata-se de prática habitual naquele país, caracterizado por uma sociedade altamente consumista na qual muitos brasileiros se espelham sem perceber a nuvem de fumaça em que estão entrando. O tal do cartão de crédito, que permite comprar mesmo que não haja disponibilidade imediata de dinheiro, existe porque as pessoas são consumistas ou as pessoas são consumistas porque têm acesso a ele?

Estamos completamente vulneráveis à mídia, aos discursos consumistas, às pressões que nos comparam aos outros e às quais cedemos. Lembro de uma tirinha da Mafalda em que essa personagem está assistindo televisão e responde indignada aos impositivos publicitários: "'Use', 'Compre', 'Beba', 'Coma', 'Prove'! Eeeei! O que eles pensam que nós somos?" Então ela mesma se pergunta: "E o que nós somos?", ao que, frustrada, conclui: "Os malditos sabem que nós ainda não sabemos".

Essa é a nossa triste realidade. Justamente por não saber quem somos, ficamos tão vulneráveis, e isso tem estreita relação com a desconexão das pessoas consigo mesmas, com o próprio valor, pelo que tentam se preencher com algo ou vivenciar algum sentimento que não conseguem acessar pela experiência interior.

A sociedade de consumo, segundo Zygmunt Bauman, tem por premissa satisfazer os desejos humanos de uma forma que nenhuma sociedade no passado pôde realizar ou sonhar; mas, a fim de que se mantenha viva, ela precisa que o desejo continue irrealizado e, para isso, torna permanente a insatisfação. "Toda promessa deve ser enganosa, ou pelo menos exagerada, para que a busca continue", diz o sociólogo, que complementa:

> Sem a repetida frustração dos desejos, a demanda pelo consumo se esvaziaria rapidamente, e a economia voltada para o consumidor perderia o gás. É o excesso da soma total de promessas que neutraliza a frustração provocada pelo excesso

> de cada uma delas, impedindo que a acumulação de experiências frustrantes solape a confiança na eficácia final dessa busca.
>
> Por essa razão, o consumismo é uma economia do logro, do excesso e do lixo [...] (2009, p. 107).

Todos somos consumidores, e não há problema nisso. A questão é que, em algum momento, o consumo começa a ser usado pelo ego como expectativa de preenchimento, de valorização, e aí nos tornamos escravos. O que dita o comportamento não são mais as vontades da alma manifestando-se no mundo, mas, sim, o medo egoico de se sentir menor, inferior, rejeitado, ou a fantasia de superioridade, de importância e de valor.

As pessoas perdidas no consumismo logo voltam a se deparar com os buracos existenciais, mas, em vez de refletir que não há consumo no mundo que possa proporcionar plenitude interior, elas acreditam que o motivo de tais buracos é a necessidade daquela outra coisa, e da outra e mais outra. E, como todos os temas que estamos tentando desconstruir aqui, o consumismo, estando a serviço do ego nessa postura defensiva, se torna compulsivo.

Há quem tenha tanta certeza de que seu valor está atrelado ao que consome que se sacrifica, até fisicamente, trabalhando mais do que pode, descansando menos do que precisa, ou mesmo comprometendo suas relações pessoais, para poder consumir mais.

Enfatizo que, embora seja ilusória, essa sensação de preenchimento está ligada ao tipo de sociedade na qual vivemos e àquilo que valorizamos, pois, se assim não fosse, o ato da compra em si não nos proporcionaria nada. A sensação de bem-estar que decorre do consumo desaparece rapidamente, e lá estão os ávidos consumidores, acreditando em novas necessidades, julgando não poder abrir mão daquilo que não têm, cegos para os pedidos da alma e para seu verdadeiro valor.

Não se pergunte se você é consumista ou não – questione-se como seu consumismo se manifesta. Faço essa recomendação porque cada um de nós tem uma justificativa bonita para esse comportamento tão arraigado em nossa sociedade. Alguns alegam que adquirir uma casa é uma forma de investimento, que comprar um carro melhor garantirá a segurança das crianças, que a roupa cara dura mais, que as viagens são formas de se nutrir de cultura, e por aí vai. Não estou aqui para convencê-lo de que você faz algo ou não, nem de quais são suas intenções. Meu papel é dizer: "Olhe com mais atenção!", pois, geralmente, por trás dos nossos belos e bem explicados comportamentos é que moram os maiores monstros, em nossos mais profundos buracos. Sendo assim, apenas quando entrar em contato com tudo isso, quando acessar essas questões e reconhecer quanto tem pautado seu valor no consumo é que você vai poder vivenciar a desconstrução necessária e começar a se conhecer melhor.

O que eu lhe digo é: "Você não é aquilo que consome, desculpe dizê-lo! Você pode ter um carro maravilhoso, uma casa maravilhosa ou ter experiências maravilhosas, mas isso não o torna uma pessoa maravilhosa. Não seja ingênuo tentando atrelar seu valor ao seu poder aquisitivo ou aos produtos que você consome. Pare de prestar tanta atenção lá fora e vai pra dentro!"

Sociedade da competição

A profissão se conecta ao consumismo, que por sua vez se conecta à competição, num ciclo vicioso no qual um alimenta o outro. Numa sociedade competitiva composta de pessoas que desconhecem seu valor, todo mundo se avalia a partir do outro, por comparação. "Se todos os meus familiares já viajaram para a Europa, como eu não fui ainda?", "Se todos os meus amigos frequentam aquele restaurante caro ou fazem parte daquele clube, como eu não estou nessa?" Ou ainda, em relação aos nossos filhos: "Se todos os amigos do meu filho têm aqueles jogos e *smartphones*, como pode ele não ter?"

A lógica da competição nos faz acreditar que temos mais valor do que aqueles aos quais estamos "acima" e menos valor do que aqueles "abaixo" dos quais julgamos estar. Percebe a falta de sentido? Essa busca pelo primeiro lugar, esse pódio em que um espaço só é ocupado em detrimento de outro – para haver o primeiro colocado, é preciso existir o segundo – parece uma mistura inconsciente de discursos que enaltecem a alta *performance*, o perfeccionismo e a aparência, bem como os mais diversos dramas humanos.

A gente aprende isso e desde pequena desafia os colegas dizendo: "Vamos ver quem é o melhor!", sem perceber que ser considerada a mais rápida, a que tira a maior nota, a que tem o maior salário, a mais viajada, a que fala mais idiomas, a que tem os filhos mais comportados não define nosso valor como ser humano. Por essa razão, podemos estar no topo de todos os contextos e, ainda assim, isso não será suficiente para compreendermos nosso próprio valor.

E quero ressaltar que há algo pior: em grande medida, por causa desse olhar competitivo, as pessoas sequer começam uma empreitada, nem se permitem arriscar, tentar, manifestar interesse em algo. Desejam, implícita ou descaradamente, estar acima de todos; mas, como isso não lhes parece possível, e considerando que, em geral, não se alcança o pódio na primeira tentativa, elas nem se permitem tentar.

Recordo-me de inúmeras pessoas que se referiam ao meu desempenho afirmando que queriam agir de maneira semelhante. Minha resposta sempre teve o mesmo teor:

"Não olhe para onde estou, olhe para o caminho que percorri". Como sempre fui muito desinibido para falar em público, com 12 anos eu já dava palestras; ou seja, aos 30 já somava quase 20 anos de prática.

Nessas conversas, havia quem não tivesse a ousadia de concluir que deveria ter começado mais cedo. Então eu perguntava: "Por que você diz isso?" Na maioria das vezes, a resposta era: "Porque eu estaria muito melhor agora". Sempre fiquei intrigado: Melhor em quê? Melhor do que quem? Melhor para quê?

Estamos tão impregnados dessa lógica de que devemos ser melhores que a média, que não paramos para pensar com mais cuidado e acabamos nos machucando. Isso porque nunca enxergamos o valor das coisas que fazemos, do percurso que realizamos, das superações que vivemos. Estamos o tempo inteiro nos comparando com alguém em termos de resultado e desempenho, esquecendo-nos de que a única e válida referência deve ser nosso mundo interior.

Muitas vezes, vi pessoas tentando pautar seu próprio valor com base na diminuição do outro, como se isso fosse um parâmetro aceitável, em especial no término de um relacionamento. Nessas ocasiões, surgem mil argumentos pelos quais o outro não era bom o suficiente, provando que ele era problemático, mil dificuldades do convívio com ele. Recorremos a essa estratégia sem perceber que se trata de uma tentativa de exaltar o ego pela via competitiva, que não nos leva a lugar algum.

Há quem recorra a esse "método" para garantir um emprego, mas, mesmo nesse caso, na maioria das vezes, não se trata de uma análise fria da situação, e, sim, de um ego tentando se promover pelo rebaixamento do outro.

Aqui também vale a pena dedicarmos algumas palavras a essa construção social do primeiro lugar, como se a vida fosse um pódio, e como se quem alcançasse o topo tivesse mais valor que os demais. Numa olimpíada, até existem medalhas de segundo e terceiro lugares, mas o que vale mesmo, o mais importante, o que será lembrado é sempre o primeiro lugar, não é?

Acontece que a vida não é uma olimpíada. Portanto, quando trazemos a lógica da competição para as relações humanas e a usamos como régua ou lente para interpretar quem somos, algo se desequilibra. Porém, em vez de analisar esse desequilíbrio e nos opormos a ele, vulneráveis que somos no aspecto psicológico, aderimos a essa loucura, esquartejamo-nos psiquicamente e saímos em busca desse primeiro lugar – até obtê-lo e descobrir que ele não nos preenche.

O primeiro lugar é tão presente no cotidiano que, embora você tenha um ótimo desempenho, seja reconhecido em sua posição e agraciado com um belo prêmio, invariavelmente sentirá como que banhado por um balde de água fria se descobrir que outras pessoas ganharam o mesmo ou mais que você.

Por quê? Uma das minhas hipóteses é que essa fantasia de ser único e estar no topo causa sensação de segurança, como se o nosso valor não estivesse ameaçado por nenhum concorrente. Penso isso porque vejo com clareza que, a despeito de qual seja a situação, diferentes graus de variação na distância entre o primeiro e o segundo lugar provocam diferentes reações que vão da tranquilidade à inquietação.

Claro que há outros fatores a considerar nisso que venho chamando de "loucura", e precisamos pensar neles. Lembro-me de uma conversa que tive com alguém sobre uma música evangélica que dizia "És meu filho amado". A pessoa me relatou que aquilo não lhe tocava porque, se existiam inúmeros filhos amados para os quais a música também se aplicava, então ela não era especial para Deus. Lembro-me também do que senti diante desse comentário. Precisei parar e refletir melhor porque não tinha entendido a questão de imediato. Independentemente do que meu interlocutor dizia acerca de Deus, o que me confundiu foi: qual é a relação entre ser único e ser especial?

Você pode ser único no sentido de ser absolutamente horroroso, perverso, mas isso não o torna especial. Em contrapartida, você pode ser especial ao lado de muitas pessoas que também são especiais, mas isso não o faz único.

Será que o pódio tem o poder de definir alguém como especial, ou seria ele apenas um indicativo de distinção, diferenciando uma pessoa de outra em determinado quesito? Que mistura é essa que fazemos entre pódio e valor?

Acaso seria esse um dos componentes da tragédia que muitos homens vivenciam perante uma traição? Acaso a descoberta de não ser considerado único, o que pretensamente corresponderia a um senso de desvalor, justifica um suicídio, por exemplo? Se fui traído, é porque existe alguém melhor do que eu; e se existe alguém melhor, não tenho o valor que acreditava ter.

O que eu lhe digo é: "Sempre haverá alguém considerado melhor que você, e isso não o inferioriza; do mesmo modo, sempre haverá alguém que você considera pior que você, e isso não lhe confere valor. Não interessa quantas pessoas você ultrapassou nem a quantas você se equipara. Não será por meio de comparações que você vai descobrir quem é nem qual é o seu lugar. Vai pra dentro!"

Sociedade do desempenho

Nesse emaranhado que estamos tentando desatar, a competição remete à questão do desempenho. E, para falar de desempenho, cabe citar o filósofo coreano Byung-Chul Han, em especial o segundo capítulo de sua obra *Sociedade do cansaço*, na qual afirma:

> A sociedade disciplinar de Foucault, feita de hospitais, asilos, presídios, quartéis e fábricas, não é mais a sociedade de hoje. Em seu lugar, hoje há muito tempo, entrou uma outra sociedade, a saber, de academias de fitness, prédios de escritórios, bancos, aeroportos, shopping centers e laboratórios de genética. A sociedade do século XXI não é mais a sociedade disciplinar, mas uma sociedade de desempenho. Também seus habitantes não se chamam mais "sujeitos da obediência", mas sujeitos de desempenho e produção [...] (p. 23).

Em poucas palavras, Han faz grandes análises, relacionando a depressão e a síndrome de *burnout* ao imperativo do desempenho, que se configura como um novo mandato da sociedade pós-moderna no âmbito do trabalho. Isso causa uma guerra do indivíduo consigo mesmo, forjando, assim, a sociedade do cansaço, expressão que intitula o livro.

Talvez, num primeiro momento, seja difícil apreender quão prejudicial é essa busca por desempenho, afinal estamos todos imersos nela e não vislumbramos outra possibilidade de atuação. A impressão que temos é de que somos livres para escolher. Muitas vezes, não há um domínio externo que nos obrigue a tal desempenho, mas há uma coação interna. Isso se observa com facilidade nas empresas que cobram dos funcionários de cargos hierarquicamente inferiores que batam o ponto, obrigando que cumpram determinadas horas de trabalho, independentemente de quanto produzam, mas liberam o ponto para quem ocupa cargos mais altos porque decerto são pessoas que já demonstram essa exigência interna e, portanto, vão extrapolar os horários preestabelecidos.

Nossa grande desgraça é que atrelamos o nosso valor à nossa *performance*, e isso vale para qualquer área da vida, do emprego até a limpeza da casa. Não importa onde você esteja, precisa ser eficiente, eficaz, produtivo, pois assim terá valor.

Percebe a estratégia do ego, que se mantém numa ânsia sem fim? Então, em algum momento, elegemos a profissão como definidora de valor. Mas ela não basta. Devemos receber um alto salário que nos permita ser grandes consumistas para, aí sim, termos valor.

E, mais uma vez, isso não é suficiente, afinal quem tem muito dinheiro fácil não é bem-visto nessa sociedade. O bonito é ralar muito, é sofrer para justificar o próprio valor. Mas justifica mesmo?

Recordo-me de minha mãe me ligando pela manhã e do constrangimento que isso me causava quando, morando em Londres, decidi que não ia mais acordar com o despertador, pois queria mudar meu estilo de vida. Nas primeiras vezes em que ouvi minha mãe questionar: "Acabou de se levantar? A esta hora?", eu já tinha a justificativa pronta, alegando que havia trabalhado até tarde. Meu intento era provar que minha alta *performance* estava mantida. Até que um dia me dei conta de que aquilo era contraditório, pois eu tinha ido para outro país justamente na tentativa de me desvincular de tantos compromissos e me redescobrir de dentro para fora.

Mas friso essa experiência porque é coletiva; ela nos toca de um modo que nem percebemos, mesmo quando não há nenhuma coerência, a exemplo do que fiz ao informar à vizinha que, embora estivesse tomando café às 11 da manhã, eu havia acordado mais cedo e passado a manhã toda apenas à base de chá. O Marlon de então era adoecido, pois achava que seu valor viria de dizer "Olhe, não pense que não sou produtivo, tá?", como se isso definisse algo a meu respeito.

Algo que exemplifica quanto esses discursos estão infiltrados nas redes sociais, associados ao exibicionismo, é a divulgação de quantas vezes se vai à academia (se for bem cedo ou bem tarde, mais valoroso ainda), quantos quilômetros se corre, quanta coisa se faz num dia, quantos livros se lê etc. Imagine só se alguém compartilha o gostinho de ter ficado na cama até mais tarde, sem fazer nada, ou a vitória de ter terminado o trabalho antes para ter mais tempo de passear ou descansar?

O mais desastroso é descobrir que, nessa lógica competitiva, movida pela preocupação com a própria *performance*, acabamos apresentando ao mundo nossa pior versão, aquilo que não somos de verdade, por estarmos presos às nossas defesas egoicas, reativos. Talvez sem perceber, passamos por cima dos outros, não damos espaço, agimos com desrespeito, interpretamos os companheiros como inimigos e, assim, nos distanciamos cada vez mais da nossa humanidade e de nossas verdades, que seriam o caminho para o valor legítimo.

O que eu lhe digo é: "Para além dos aplausos da sociedade superficial que vive de aparência, que valor tem esse sujeito tão produtivo? Que graça tem em ser o máximo se isso implica estar conectado a uma rede de ilusões e mera exterioridade sustentada pelo consumismo, pela competição, pelo exibicionismo, sendo que nenhuma dessas coisas define realmente quem você é? Em dias de tanta pressa e exigência, pare um pouco, ouça seu mundo interno e refaça a rota. Ainda dá tempo!"

Sociedade do utilitarismo

Muito ligado à lógica da sociedade de desempenho está o utilitarismo. Não vamos adentrar aqui a concepção filosófica de Jeremy Bentham (1748-1832), que tentou estabelecer um princípio de avaliação para as atitudes pessoais. Segundo ele, as ações deveriam ser aprovadas ou rejeitadas em função do aumento ou da redução do bem-estar das partes afetadas. Bentham procurou estabelecer um critério geral de moralidade, uma forma de pessoas e instituições avaliarem suas próprias ações como corretas ou não, com base nas consequências de seus atos.

Afirmei que não vou adentrar essa doutrina porque realmente desconheço seus desdobramentos e seus efeitos na sociedade atual, embora algumas relações referidas nessa proposição sejam nítidas em nosso meio. Da mesma forma que Bentham definia o bem a partir da utilidade da ação, também nós atrelamos um valor pessoal à nossa utilidade para a vida do outro ou para a sociedade. Pior ainda: parece que, quanto mais úteis, importantes, bons e insubstituíveis acreditamos ser, mais valor agregamos a nós – o que é uma interpretação errônea do ego imaturo. Equivocadamente, acreditamos que a necessidade que o outro tem de nós nos confere um lugar especial e nos coloca em posição de certo destaque em relação à vida.

Ser importante para o outro só quer dizer isto: há uma relação de importância atribuída a você por outro. Não existe valor aí, mas, sim, uma relação de dependência que tentamos definir como agregadora de valor.

Pense comigo: aquele que dá comida é importante para o que precisa ser nutrido. Aquele que protege é importante para o que carece de proteção. Então, na verdade, o que importa não é a pessoa, mas a função que ela exerce.

Nós nos sentimos importantes porque, na perspectiva utilitarista, nos confundimos com a função que exercemos. Embora essa afirmação possa ser constrangedora, é preciso levá-la a sério. O valor não está no indivíduo, mas na tarefa, que, se não for realizada por ele, o será por outro alguém.

Exemplo claro disso é a inquietação de pais ou mães inseguros que, não sabendo de seu próprio valor, tentam se fazer insubstituíveis para seus filhos, alimentando a insensatez (muitas vezes inconsciente) de que, se suas crias se mantiverem dependentes, elas os considerarão valorosos – e talvez nunca os substituirão por ninguém, não os deixarão de lado, não os abandonarão.

Para desespero desses pais, em algum momento vão aparecer outras pessoas que desempenharão as tarefas outrora feitas por eles, oferecerão algo diferente, quem sabe até uma relação mais leve. É quando vem o pavor: a vovó faz um "mamá" mais gostoso que o da mamãe, o filho prefere gastar tempo com os amigos a ficar com o pai etc.

Há nisso um medo danado de não ser mais útil, de não ter valor para os filhos, pois, desconhecendo o próprio valor, esses pais o atribuem a suas tarefas. De maneira paradoxal, quando esse lugar de utilidade fica declarado, os pais sofrem se os filhos os procuram pedindo dinheiro. Então, ressentidos, respondem: "É só pra isso que eu sirvo mesmo", revelando que, como todo ser humano, anseiam por vínculo, apreço e reconhecimento. Contudo, o que vamos descobrindo pouco a pouco é que tais coisas nunca virão de fora, e, sim, de dentro de nós mesmos.

Semelhante desafio se dá em alguns relacionamentos nos quais os envolvidos desconhecem seu próprio valor. Eles se colocam em posição de serviço, fazendo tudo pelo outro na intenção de se tornarem importantes para ele, como se assim fossem mais apreciados. Mas aqui o drama é o mesmo: se não há amor, haverá uma relação de dependência, de conveniência, de interesse, até que surja outro alguém "mais útil" ou que ofereça coisas mais interessantes.

Ao que me parece, o sentimento de quem serve, se colocando nesse lugar de utilidade, nunca será verdadeiro, pois, no fundo, essa pessoa sabe que seu suposto valor está atrelado a esse fazer, não a quem ela realmente é. E pior: pode até ser que o vínculo estabelecido pela outra parte não se baseie em utilidade, mas, como essa figura fazedora e servil não sabe seu valor e seu lugar, nem no mundo, nem na vida dos demais, ela nunca se sente amada de fato, pois acaba atribuindo tudo à sua utilidade, sem sequer se dar a chance de descobrir outros aspectos da relação, os quais lhe passam despercebidos.

Isso me faz lembrar do poema "A liturgia do tempo", do padre Fábio de Melo, que, ao falar sobre a velhice, afirma: "mais cedo ou mais tarde, a gente tem que experimentar esse território desconcertante da inutilidade". Ele se refere à perda da juventude e à consequente perda da utilidade como eventos naturais dotados de um aspecto bom justamente porque a utilidade é algo muito cansativo, afinal ela não corresponde ao nosso significado como pessoa, mas à tarefa que realizamos.

Para alguém como eu, que sempre buscava ser muito produtivo e útil, a primeira reflexão sobre isso culminou num sentimento de vazio enorme, numa sensação de que, então, eu não era importante para ninguém e não tinha valor nenhum, pois, em certa medida, todas as minhas relações implicavam algum grau de utilidade.

Mesmo que essa seja uma realidade constrangedora, precisamos nos colocar frente a ela. É claro que a primeira sensação acerca de algo não serve de resposta para todas as nossas questões nem define nosso verdadeiro valor. Mas é necessário vivenciar esse espanto de perceber que nosso valor não está no lugar de utilidade que ocupamos nem nas funções que exercemos.

O que eu lhe digo é: "Você pode ter grande utilidade (e talvez nada mais), mas isso não necessariamente lhe confere valor. Não se venda por tão pouco! Não se escravize aos outros nesse lugar pequeno em que você sempre se coloca a serviço de terceiros, como se disso decorresse seu valor. Tente se colocar a serviço de si mesmo!"

Sociedade do exibicionismo

Quero ainda discutir outro elemento que está diretamente ligado à fantasia de valor e que precisa ser rapidamente destruído antes que nos destrua: a noção de popularidade, em especial, nas mídias sociais. Com o advento da internet e a exposição à qual estamos submetidos, o exibicionismo ganhou força, e a sensação de valor decorrente dele também cresceu.

Claro que antes da internet as pessoas já tentavam medir seu valor pela popularidade – aquele que era o mais conhecido, que tinha mais contatos, mais amigos, parecia ser o mais importante, mais valoroso que os demais. Como se esse equívoco não bastasse, em termos de desenvolvimento psicológico, vieram as mídias sociais; foi então que a chance de se tornar popular se tornou muito mais acessível, pois, com um aparelho, todos podem literalmente se conectar com o mundo.

Mas de onde mesmo surgiu essa noção de que ser popular tem a ver com valor pessoal? Será que você ingenuamente acredita que, caso haja mais pessoas que queiram sua companhia, que o desejem, que o conheçam, você terá mais valor que alguém desconhecido ou que não é popular? Seria esse o absurdo? Digo absurdo pois não há fundamento algum nesse raciocínio. As pessoas podem querer estar com você por interesse, por troca, por admiração, por projeção dos seus próprios conteúdos, por necessidade, por vaidade, por inveja, por medo de ficarem sós, entre infinitas outras possibilidades.

Então, de onde vem essa conexão com o valor pessoal? Por que estamos tentando nos valer desse subterfúgio? Seria para não precisar encarar nossas questões internas e lidar com nossos enroscos emocionais e existenciais?

Há não muito tempo, eu me vi me debatendo com esse tema em relação a uma pessoa bastante popular na internet. Não costumo usar as mídias sociais senão para publicar coisas que me digam respeito e para manter contato com as pessoas que se beneficiam dos meus conteúdos, mas alguém próximo havia me sugerido um perfil que parecia interessante. Tratava-se de uma pessoa que somava vários milhares de seguidores, dispunha de uma identidade visual bonita e oferecia alguns conteúdos um tanto interessantes. Como sempre, por conta dos discursos de competição, de produtividade, de aparência, e por sempre colocar meu valor em xeque, fiquei um tanto mexido. Fui ver o destaque "livros" no perfil daquela pessoa para conhecer o que ela havia escrito, qual era sua base teórica, enfim, algo nesse sentido. Mas me frustrei, pois ali não estavam listados seus livros. Quando descobri que a tal figura não tinha escrito nenhum livro, percebi quanto eu vinculava popularidade a produtividade e produtividade a valor, num emaranhado danado. E pior: para meu espanto, ele fazia referência a alguns dos meus escritos. Foi aí que me vi completamente perdido no que diz respeito a valor próprio, pois imediatamente o ego pulou da cadeira, tentando me convencer de que, se aquela pessoa fazia referência aos meus livros, então, eu era melhor do que ela.

A popularidade na internet e a quantidade de *likes* e seguidores são parâmetros muito úteis para as plataformas e para o mercado virtual. No entanto, minha conclusão é que elas têm mais nos atrapalhado do que ajudado a encontrar nosso verdadeiro valor.

O que eu lhe digo é: "Popularidade serve para definir nada mais nada menos que índice de popularidade. Ponto! Então, se você está concorrendo a algum cargo que precisa de votação pública, continue. Senão, se está em busca de seu verdadeiro valor, tente comparar o tempo que você gasta com sua vida interior ao tempo que você dedica às redes sociais; isso lhe permitirá descobrir a distância enorme que o priva de seu autoencontro."

Perfeição, narcisismo e desvalor

Falhei em tudo.
Como não fiz propósito nenhum,
*   talvez tudo fosse nada.*
A aprendizagem que me deram,
Desci dela pela janela das traseiras
*   da casa,*
Fui até ao campo com grandes
*   propósitos.*
Mas lá encontrei só ervas e
*   árvores,*
E quando havia gente era igual à
*   outra.*
Saio da janela, sento-me numa
*   cadeira. Em que hei de pensar?*
Que sei eu do que serei, eu que
*   não sei o que sou?*

Fernando Pessoa, do poema
"Tabacaria"

O esforço egoico em ser

Aqui estabeleci nosso ponto de virada e, para tanto, trouxe dois temas que estão presentes nos dias atuais e nos ajudam a compreender interiormente a questão do desvalor. A busca por perfeição poderia ser apresentada ao lado das demais características da atualidade ao tratarmos das desconstruções que se fazem necessárias, mas parece que ela engloba um pouco de cada uma dessas desconstruções. Além disso, abordá-la agora me ajuda a fundamentar melhor a crítica à importância que damos ao olhar do outro. O narcisismo, de igual modo, revela muito sobre nosso funcionamento, mas a análise do mito de Narciso, em especial, revela o desconhecimento de nossa própria beleza.

A adoção do olhar do outro como medida e o desconhecimento de nossa própria beleza alimentam em nós o senso de desvalor; por isso, precisamos nos direcionar em busca de quem somos e como podemos reconhecer nosso valor. Sem essa consciência, caímos em esforços egoicos que me parecem superficiais, para não dizer inúteis, visto que intencionamos proceder a uma construção de valor que corresponde a mera fachada aprisionadora.

Mas essa é uma questão ainda mais complexa. Se não resgatamos dos olhos alheios os critérios de valor e não nos abrirmos para a beleza que já nos habita, alimentamos uma roda-viva de ciclos destrutivos que nos afastam de nós mesmos e nos machucam mais do que imaginamos. Porém, como a maioria parece que só sabe viver dessa forma, educados que fomos a olhar para fora o tempo todo, sem reconhecer o que há em nosso interior, não enxergamos quão cruel é essa conduta e quanto essa postura gera mais desconexão e esvaziamento, intensificando nossa ânsia pela busca ativa de valor, como se fosse possível alcançá-lo por meio de conquista externa.

É preciso coragem para parar! É preciso coragem para mudar a rota e o destino. A direção deve vir de dentro. Você não precisa fazer grandes revoluções, como largar tudo e ir morar em outro país ou mudar drasticamente de área de atuação profissional. Ou talvez precise, quem sabe? O que importa é que a mudança seja interior, decorrente do despertar da consciência.

Sem uma nova percepção da vida e das leis que regem nosso comportamento e sem um olhar diferenciado para nós mesmos, mudamos de país, mas mantemos os padrões, sem melhor resultado interior. Somos até capazes de abandonar algumas pessoas e eleger novos desconhecidos, bem como seus critérios, para regerem nosso comportamento. Trocamos de trabalho, mas repetimos os dramas internos de sempre, no afã de nos adequar ao mundo lá fora, aos determinantes de valor que essa sociedade adoecida estabelece, afastando-nos de nós mesmos.

É preciso ir pra dentro! Hoje percebo quanto esse caminho de interiorização para a descoberta do próprio valor depende de dois elementos: a deslegitimação do olhar do outro como critério de importância ou verdade, e a disponibilidade para nos enxergarmos com mais cuidado e respeito, integrando quem somos, algo que Narciso não soube fazer.

Perfeição

Minha análise desse tema se iniciou há algum tempo, quando comecei a me sentir desconfortável ao ouvir os outros e a mim mesmo usando a expressão "minhas imperfeições". Outro dia, fui ao dicionário e comecei a destrinchar essa ideia, o que me levou à conclusão de que o uso da palavra "imperfeição" para classificar o ser humano é um crime, ou melhor, revela a sociedade criminosa, em termos emocionais, na qual vivemos e cuja dinâmica alimentamos. E tem mais: embora essa palavra pareça impulsionar uma transformação moral, direcionando o indivíduo a que se empenhe em ser uma pessoa melhor, ela faz o oposto, nutrindo nele o sentimento de desvalor.

Segundo o *Dicionário Houaiss*, imperfeição significa "qualidade, estado ou condição do que é imperfeito, do que ainda está por terminar" ou, ainda, "ausência de perfeição, defeito, incorreção". Isso me abriu um mar de indignações acerca do que fazemos conosco mesmos. Como é possível que estejamos nos classificando como imperfeitos? Seria justo o uso desse termo?

Para que pudéssemos utilizá-lo, precisaríamos ser capazes de vislumbrar um alvo, um desfecho, pois só então teríamos condições de deduzir que estamos aquém daquele ponto. Entende meu questionamento? Para afirmar que existe algo por terminar, algo inconcluso, imperfeito, é necessário haver um final como referência, um ponto de chegada; só assim poderíamos alegar alguma imperfeição.

Chamei isso de crime, pois esse conceito de imperfeição, quando relacionado a seres humanos, alimenta uma sensação de insuficiência, de precariedade, de falta, que é prejudicial para o nosso desenvolvimento psíquico.

A ideia de perfeição, no sentido de que o processo de desenvolvimento se encerrou e não há mais nada a ser aprimorado, é incompatível com a realidade que vivemos. Primeiro porque é inconcebível cogitar que, em nossa condição humana, atingiremos um estado final, um momento em que não haverá o que mudar. Segundo, porque, na atual conjuntura egoica, esse lugar de falta, de vazio, de imperfeição, produz apenas sofrimento: ou nos consideramos uma porcaria mesmo, não temos valor nenhum e não merecemos a vida porque somos ridiculamente imperfeitos, ou nos lançamos à busca insana por valorização e reconhecimento, como se pudéssemos provar para o mundo nosso valor, quase como quem quer esconder tais "imperfeições".

Quem se situa no meio desse espectro, quem não reage nesses dois extremos, é a pessoa que tem noção de seu valor, que reconhece seu lugar, suas características, e consegue conviver com isso, sem fugir de nada, sem se fechar nesse lugar de falta e sem se prender a uma meta a ser alcançada, a um futuro – inacessível – a ser conquistado. Essa pessoa está aqui, vive aqui e se realiza aqui, no tempo presente, como ensina Eckhart Tolle em *O poder do agora*.

No entanto, estamos tão apegados a essa noção de imperfeição e a critérios exteriores que, ao abrir mão deles, temos a imediata sensação de acomodação, de displicência, de recusa ao progresso – o que não é verdade.

Abrir mão da busca por perfeição não quer dizer aceitar incondicionalmente tudo o que somos e pronto. Claro que não! Significa olhar para a vida de um novo jeito, com mais leveza, mais autoconfiança, mais tranquilidade, o que inclusive dá sustentação interior para transformações maiores.

Conseguir ficar bem onde estamos e com o que temos, apreciar nossa vida e quem somos, com todas as nossas características, é como nos aterrar, como proceder a um enraizamento necessário para florescer. Isso produz um estado de conexão interior porque olhos e ouvidos já não se voltam para fora. Por sua vez, essa conexão nos auxilia a compreender o que realmente precisa ser mudado, se é que precisa, caso o *Self* faça esse pedido ao ego. Mas veja bem: estou me referindo a uma direção da alma, do nosso interior, que é sábio e não tem compromisso algum com os discursos do mundo, com a imagem que fazem de nós ou com o que vão pensar a nosso respeito. Não estou falando da mudança motivada pelo desejo de chegar à perfeição a fim de não sofrer críticas ou rejeições, nem para evitar exclusão ou abandono. Também não se trata da mudança pela expectativa do pódio, do céu ou da estrelinha no caderno que define os melhores alunos. É uma mudança em resposta a um convite interno, a um pedido de autodesenvolvimento para a manifestação de um potencial que se encontra latente, ou seja, para que cresça e floresça aquilo que faz parte da nossa natureza e condição humana.

Embora pareça simplista, há um exemplo que pode ajudar. Pense na casa onde você vive. Você pode passar a vida inteira julgando que ela ainda não está perfeita, sentindo-se incomodado com a realidade das coisas, pensando em tudo o que poderia ser diferente, na fantasia de que chegará um momento em que sua casa será irretocável. Ou pode se felicitar com o que tem, aproveitar esse lugar, usufruir dele e, se algum dia tiver condições de providenciar alguma melhoria ou mudar algo, atender a esse chamado com naturalidade.

Enquanto fica olhando para as coisas que precisa mudar em sua casa supostamente imperfeita, você não consegue relaxar nem usufruir do que ela lhe oferece porque está focado no porvir. Entretanto, o fato de enxergá-la como é e se satisfazer com tudo o que ela lhe proporciona não quer dizer que você esteja acomodado, tampouco que a casa é perfeita e maravilhosa. Essa postura apenas diz do lugar que você ocupa, daquilo que tem e do que é.

Quem sabe, com esse exemplo, você comece até mesmo a entender que a busca pela mudança, quando motivada pelo interesse na tal da perfeição, é muito mais uma inquietação do ego do que uma verdadeira necessidade. Isso faz cair por terra o discurso de evolução, de que temos que ser melhores, porque, na maioria das vezes, esse discurso é puramente egoico, e não o percebemos.

A vida não nos exige esse constante "melhor e mais alto". Esse é um discurso que se construiu na sociedade, estimulado por interpretações religiosas enviesadas pelo mundo externo e pelo culto à aparência. A religião costumava ensinar às pessoas que Deus é amor e que ama seus filhos como são. Mas isso é completamente estranho às imposições exteriores que hoje vivemos. Assim, matamos Deus e transformamos a aparência, a exterioridade, a produtividade e o crescimento nos novos deuses que nos regem.

A lógica insana que dita o ritmo dos nossos dias, pautada no apontamento de imperfeições e nas muitas exigências quanto à *performance* e aparência, apregoa que temos de mudar completamente, ser impecáveis, sem esboçar sequer o menor indício de humanidade – daí o fato de eu utilizar o termo "loucura". Em suma, temos que ser perfeitos; do contrário, não somos nada ou não temos valor algum.

Pense, então, em que consistira um ser humano perfeito. Um santo seria perfeito? Você já leu a biografia de algum deles para validar esse argumento? Seria a perfeição critério de santidade? Alguns afirmam que

Jesus era perfeito, e é justamente aí que a discussão fica mais interessante... Jesus desceu o cacete no povo, criticou muita gente, lidou com prostitutas e cobradores de impostos, falou coisas e viveu de um modo que causou revolta a ponto de a sociedade escolher Barrabás em detrimento dele.

Diante disso, a pergunta "Qual é o critério de perfeição?" abre uma enorme fenda na lógica insana de que estamos falando.

Perfeito para quem?

O adjetivo "perfeito" é, na maioria das vezes, empregado para se referir a outra coisa ou pessoa. Quando digo que uma cadeira é perfeita, por exemplo, quero dizer que essa perfeição existe em relação à minha casa: a cor combina com o ambiente ou o modelo atende exatamente às minhas necessidades. "Perfeito", conforme a própria definição desse termo, descreve algo em que nada precisa ser mudado, que está pronto.

Alguém diria que comprou uma casa perfeita: há uma área aberta para receber os amigos, um jardim enorme, os quartos ficam na parte de cima, cada filho tem seu espaço etc. Mas, quando essa pessoa tiver 80 anos, com problemas nos joelhos e distante dos filhos, aquela casa que antes parecia perfeita se torna um problema, pois, para um idoso, perfeita mesmo é uma casa mais acessível e que lhe dê menos trabalho.

Vamos transpor isso para o ser humano. O que é um cônjuge perfeito? Será que o par perfeito para mim é o mesmo que para você? Ao afirmar que encontrei meu par perfeito, quero dizer que funcionamos superbem, que essa pessoa me oferece tudo que espero, que nada precisa mudar nessa relação, pois entre nós há uma sintonia excelente. (Em alguns casos piores, a pessoa parece perfeita porque é submissa e faz todas as minhas vontades). Embora esse exemplo seja o mais próximo que conseguimos chegar do sentido usualmente atribuído à palavra "perfeito" no contexto das relações humanas, sentido esse que dá a impressão de que nada precisa ser modificado na interação entre duas pessoas, ele não é verdadeiro.

Mas se um casal não estiver disposto a mudar para se adaptar às constantes transformações pelas quais passa, aquele suposto "perfeito" se torna "estragado". Casais jovens têm desafios diferentes dos experimentados por um casal que quer ter filhos, ou cujos filhos estão saindo de casa, ou que alcançou a velhice.

Então, no fim das contas, não existe par perfeito, pois nunca se está pronto. O "acabado", "concluído", não existe. E de fato, no âmbito das relações, qualquer resolução definitiva seria um problema para a etapa seguinte.

O que quero que você entenda é minha crítica ao uso do termo "perfeito", pois é sempre empregado por alguém que classifica alguma coisa em função de si, para atender suas expectativas, suas necessidades, seus requisitos. Contudo, isso não pode ser tomado como regra para categorizar as pessoas, tampouco como medida para que avaliemos nosso jeito de ser.

Você já deve ter visto a história de homens brilhantes que, em idade escolar, eram péssimos alunos porque não se submetiam aos moldes nem às exigências da instituição de ensino. O que seria um aluno perfeito? No senso comum, é aquele que faz exatamente o que a professora quer, no tempo que ela determina e como ela espera! Então, a quem importa o tal conceito de "perfeito"? Apenas para a professora, que consegue ter o que deseja. Mas, para o aluno propriamente dito, qual é o ganho se não o elogio e o reconhecimento oferecido por aquela professora? E tem mais: esse rótulo de "perfeito" não cabe ao aluno em si porque a percepção daquela professora pode não ser validada pelas outras integrantes do corpo docente. Pode ser que, no ano seguinte, já com outra professora ou avaliado por novos critérios, aquele aluno perfeito se dê mal. Dito isso, convém ressaltar que, em nossa sociedade, algumas características pessoais são sempre mais apreciadas que outras por determinadas pessoas, em determinados contextos.

Tal estado de coisas me faz pensar quanto esse conceito de perfeição está ligado à subjugação, à opressão, ao domínio de alguém porque, ao convencer o outro de que deve ser perfeito, estou tentando submetê-lo aos meus critérios, às regras nas quais eu acredito – e, cá entre nós, aos critérios e regras que são convenientes para mim. Supondo que se trate do meu filho, se eu conseguir convencê-lo de que a lógica da adequação social é positiva, ele vai querer fazer tudo o que eu gosto ou almejo. Assim, nunca vai me dar problemas, jamais vai me questionar ou exigir que eu me corrija em algo, independentemente do que ele próprio goste ou deseje.

Para um pai controlador e impositivo, o filho perfeito é o que não questiona, o que se submete. Para um pai alcoólatra, o filho perfeito é o que o ajuda a esconder as consequências do consumo abusivo de álcool e até vai buscá-lo no bar, remediando todos os problemas derivados desse vício.

Um filho considerado perfeito pela mãe não necessariamente é visto como perfeito pelo pai. E o filho maravilhoso que atende aos pais em tudo não será necessariamente o cônjuge perfeito ou o pai perfeito para os próprios filhos. O funcionário perfeito geralmente deixa a desejar no contexto familiar. É bem possível que o gerente reconhecido como perfeito pela diretoria não tenha a mesma reputação entre seus subordinados aprisionados em si mesmos. E decerto os que tentam ser perfeitos em tudo, para todos, estão agonizando em ansiedade.

Perfeito para quem? Em qual tempo? Para qual sociedade? Tudo isso relativiza o conceito de perfeição e mostra quanto ele é inadequado.

Ademais, é preciso fazer um adendo ao povo desavisado que alega estar em busca de ser perfeito para Deus. Quem expressou a vontade divina? Quem transmitiu as exigências de Deus para o homem? O que a história mostra é que muitos desses "intérpretes do divino", com seus discursos opressivos, conscientes ou não, atendem a interesses escusos, a formas de subjugação pelo silenciamento de tudo o que significa ser humano e ao anseio por se manterem no poder.

Muitas religiões descreveram o homem perfeito como humilde, submisso, bonzinho, adequado, que não questiona e que aceita tudo o que foi instituído como se correspondesse à vontade de Deus. Gente, pare com isso! Não tem o menor cabimento! Ao seguir nesse entendimento, estamos alimentando hierarquias disparatadas e instituições adoecidas, tudo porque nos falta conexão interior!

Digo que é um disparate, pois basta conhecer um pouco dos próprios expoentes das religiões para compreender que eles não eram nada disso. Já descrevi Jesus um pouquinho, mas convido você a ler os evangelhos para averiguar suas características, ou as biografias de Francisco de Assis, Martinho Lutero e Allan Kardec, entre outras.

Certos discursos alimentados por diversas religiões construíram um abismo dentro de nós, e o resultado tem sido catastrófico, pois as pessoas começam a se sentir cada vez mais inadequadas, defeituosas, imperfeitas, porque compreendem uma proposta de vida, mas não conseguem se modificar para caber dentro dela.

As religiões, que se consideram incumbidas de trabalhar o desenvolvimento moral da humanidade, falham gravemente quando deixam de conduzir as pessoas a um estado de maior conexão, consciência e desenvolvimento interior. Isso só me parece possível pela via do autodescobrimento.

Narcisismo

O termo "narcisismo" é bastante conhecido e, hoje, considerado uma desordem de caráter, pois virou sinônimo de orgulho e arrogância. Também é utilizado para classificar pessoas muito seguras de si, de seu potencial, embora a grande maioria da humanidade não tenha a menor noção do próprio valor. Isso me faz pensar quanto as reações de uma sociedade hipócrita intensificam o sentimento de desvalor: quem reconhece seu valor e seu lugar no mundo é duramente criticado! Estaríamos, muitos de nós, com medo de sermos tachados de narcisistas?

O transtorno de personalidade narcisista está relacionado a um senso de grandiosidade pelo qual o indivíduo acredita ser melhor do que os outros e se mantém na tentativa excessiva de atrair a atenção alheia. Essas características parecem tornar difíceis as relações. Porém, mediante um olhar mais sensível, vamos compreender que a razão de o narcisista impor várias dificuldades às relações não está no fato de ele se valorizar demais. É justamente o contrário: ele desconhece sua própria beleza e valor, e, por isso, é alguém de difícil convivência, uma vez que está o tempo todo tentando provar-se valoroso, ganhar atenção e admiração. Também é por causa desse esvaziamento pessoal que, no desespero de ser visto, ele tem tanta dificuldade de enxergar o outro e de ser empático.

De forma resumida, o comportamento narcisista, assim como outros que já analisamos aqui, consiste num conjunto de defesas, como uma fragmentação interna, de um sujeito que não reconhece seu valor e seu lugar no mundo.

Para demonstrar essa perspectiva, quero resgatar o mito de Narciso, que, em geral, é bem conhecido, mas cuja análise mais detalhada nos oferece caminhos de interpretação distintos dos que predominam no discurso cotidiano; afinal, Narciso era um jovem que não se via ou, conforme algumas traduções, não se conhecia. Então, diferentemente da classificação simplista de que o narcisista se ama demais, o que temos é um ser humano "perdido de si", que tenta se impor ao mundo colocando-se no centro das experiências – muitas vezes exibicionistas –, motivado por uma tentativa desesperada de se encontrar.

O mito de Narciso é descrito no texto "As metamorfoses", de Ovídio, considerado o último grande poeta da era de Augusto. Por intermédio de Nathan Schwartz-Salant, um dos mais importantes autores da psicologia analítica, chegamos a Louise Vinge[4], filósofa

---

4 Salant, no livro traduzido para o português sob o título *Narcisismo e transformação do caráter*, reproduz o mito de Narciso descrito na obra *The Narcissus Theme in Western European Literature up to the Early 19th Century*, resultante do trabalho apresentado na titulação de Ph.D. de Louise Vinge (1967).

sueca e professora de estudos literários responsável por conduzir uma revisão do uso desse mito. Além dele, ainda no campo da psicologia analítica, quero destacar a obra *O mito de Narciso: o herói da consciência*, de Raissa Cavalcanti, que me proporcionou muitas reflexões, e a obra *Narcisismo: a negação do verdadeiro self*, do psicanalista Alexander Lowen, criador da análise bioenergética, que trabalha muitos aspectos do corpo e das emoções.

Em uma obra mais recente, Vinge e Johansson (2020) afirmam que o mito não permaneceu fixo na forma como Ovídio o escreveu; na verdade, a história teria sido reinterpretada de múltiplas formas ao longo de 2 mil anos. Arrisco dizer que a dificuldade de interpretação dessa história, por sua complexidade e pelo julgamento que se faz do tema, foi dando brecha à proposição de inúmeras variantes, as quais apresentaram tantos elementos novos na tentativa de dar sentido ao que não fora apreendido, que parece que criaram outros mitos com base no primeiro.

Não vou descrever o mito, muito menos esmiuçá-lo como fazem os especialistas. Não sou mitólogo nem tenho intenção de escrever ou ensinar psicólogos sobre esse assunto. Às vezes, sinto que, na intenção de compreender o ser humano, algumas teorias psicológicas foram se tornando tão engendradas e complexas que acabaram "inaudíveis" no cotidiano.

Minha intenção é fazer da psicologia lentes de análise da vida cotidiana e das relações. Mesmo sabendo que minha abordagem pode ser considerada simplista ou reducionista, quero compartilhá-la contigo, pois diariamente verifico que ela faz muita diferença na vida de algumas pessoas, e isso me motiva a continuar.

Sendo assim, pretendo ressaltar apenas cinco elementos que parecem comuns aos diversos autores e que a mim soam essenciais para pensar o mito de Narciso e o narcisismo em nossa vida.

1. A mãe de Narciso, instigada com tamanha beleza, o levou até o adivinho Tirésias na intenção de saber quantos anos o filho viveria, ao que ouviu: "Se ele jamais se conhecer" (Vinge, 1967) ou, conforme Brandão (2014), "se ele não se vir".

2. Narciso tinha uma forma esbelta e era tão orgulhoso, ou arrogante, que não houve ninguém que lhe tocasse o coração, descrito como portador de uma rude soberba. Embora desejasse ter um amor e desenvolver uma relação de proximidade, ele não conseguia se abrir para ninguém, como é relatado no encontro com a ninfa Eco. Ao perceber a jovem tão próxima, Narciso rejeita rispidamente seu abraço, com medo de se entregar ou, de acordo com Vinge (1967), com receio de que a moça tivesse poder sobre ele.

3. Eco é destruída pelo sentimento de desprezo, e Narciso é amaldiçoado pela

deusa Nêmesis, que o destina a amar sem nunca obter aquilo que ama. Vinge (1967) assim apresenta tal destino: "amar a si mesmo e não obter aquilo que ama".

4. Enquanto caça sozinho na floresta, Narciso se debruça às margens de um rio para matar a sede e se enamora pela bela forma que vê. No deslumbramento de si, permanece ali imobilizado, apaixonado pelo próprio reflexo. Então, depois de muito tempo e sofrimento, Narciso se desmancha consumido por um fogo oculto.

5. Embora ninguém consiga encontrar o corpo do rapaz, suas irmãs veem, no local do episódio, uma flor de miolo amarelo cercado de pétalas brancas.

A despeito de ter sido escrita há séculos, essa narrativa representa exatamente o que vemos hoje: pessoas descritas como orgulhosas ou arrogantes, mas que, na verdade, são inseguras e têm dificuldade de se oferecer a quem quer que seja. Não por acaso, por vezes ouvimos dizerem umas às outras:

"A primeira vez que nos vimos, achei você muito arrogante. Mas, depois que nos conhecemos melhor, mudei de opinião", pois esse sujeito arrogante, na maioria das vezes, era apenas uma pessoa insegura de si e de seu lugar.

Acontece que, quando esse tipo de situação é vivenciada por um introvertido, ele se fecha para se proteger. Ele nega ou rejeita o outro para tentar sobreviver ao constrangimento a que se sente exposto. Em contrapartida, quando é vivida por um extrovertido, este tenta se mostrar, motivado pela mesma intenção de se esquivar de algo que lhe parece desconfortável ou arriscado, mas com uma estratégia oposta, baseada em sedução e busca de centralidade.

Diz-se que Narciso amava ou venerava a si mesmo; contudo, lembre que o amor-próprio relatado no mito não decorreu do reconhecimento de si e de seu valor, mas de uma maldição. Mais ainda, quando Narciso de fato se vê, reconhecendo sua beleza, evento que marcaria o começo da vivência de autoamor, é justamente quando ele morre. Percebe aí algo que pode suscitar excelente reflexão?

Ao que parece, o narcisismo se esvai quando a pessoa se conhece, quando identifica sua própria beleza. Essa é, para mim, a lição mais significativa e transformadora desse mito, um ensinamento extremamente útil para a nossa vida. Narciso, o moço que não se entregava, fechado em si, vai ao chão e lá se encontra com a própria beleza; então, queimado por um fogo interior, morre para disso nascer uma linda e delicada flor.

Uma vez que se dá o reconhecimento de tamanha beleza, não resta mais nenhum vestígio narcísico. Que simbolismo mais rico![5]

---

5 Essa reflexão talvez não seja novidade para quem compreendeu a leitura que faço do orgulho como mecanismo de defesa egoico, proporcional ao sentimento de desvalor que o sujeito carrega em si (REIKDAL, 2022a).

Há quem diferencie estrutura narcísica de defesas narcísicas. Mas, olhando por esse ângulo, talvez a diferença seja entre quem fica na dúvida sobre sua beleza e quem realmente a desconhece, acha que ela está do lado de fora e acredita que precisa fazer ou ser algo para merecê-la. É nessa conduta que o narcisista se atrapalha.

De maneira diversa daquela presente nos discursos que predominam sobre o narcisista, nessa concepção ele é aquele que não integra a própria beleza. Até se vê nos reflexos, nos espelhos, mas não se identifica de fato com sua beleza. A doença de Narciso está em não saber que aquilo que ele admira e busca no lago é exatamente o que ele é.

Vinge (1967) descreve bem esse conflito, pois Narciso parece saber que é a si mesmo que ele enxerga, desejando apartar-se de si para poder amar, mas, ao mesmo tempo, aparenta não ter essa clareza, pelo que sofre de desencanto.

Essa tensão, essa falta de clareza, é o que a meu ver melhor descreve o narcisista. Ele se enxerga em lances rápidos, em momentos fugazes, e se regozija. Mas, simultaneamente, o que predomina dentro de si é a não consciência de sua própria beleza, a atuação desconectada de seu eu, pela qual tenta fazer com que o mundo o ame, o valorize e o reconheça naquilo que ele mesmo não reconhece. Quando se vê belo, fica inebriado e, ao se conectar com essa visão, o narcisismo fenece.

A morte de Narciso é seu florescer. A tragédia, na verdade, é a não integração da própria beleza, vista apenas num reflexo, apartada por uma tênue barreira d'água, talvez simbolizando a fantasiosa fronteira entre o mundo concreto, material, e o mundo submerso, inconsciente, que precisamos acessar. É como se faltasse ali alguém em quem Narciso realmente acreditasse e lhe dissesse: "Ei, essa beleza é sua. Pode voltar para casa e ser feliz! Esse é você!"

Essa interpretação tem grande impacto no processo terapêutico, mas também pode ser aplicada à educação; afinal, se o terapeuta, ou os pais ou educadores, não estiverem cientes de seu próprio valor, tentarão diminuir o valor da pessoa narcisista que a eles se exibe. Na intenção de mostrar por essa via os erros e os equívocos dessa pessoa, porque também têm seus traços narcisistas, decorrentes do desvalor, vão mais intensificar o desencontro do que ajudá-la a se desenvolver. Claro que isso não se refere a elogios, pois elogiar condutas e desempenhos gera outro tipo de constrangimento. Dado que interiormente o narcisista desconhece seu valor, os elogios não repercutem nele nem o transformam; na realidade, ampliam nele a fantasiosa noção de que precisa ser mais do que é, de que precisa provar-se à altura de tudo o que as pessoas ali fora dizem dele e que, em seu interior, ele mesmo não experimenta.

Na obra de Vinge (1967), identificamos a busca de Narciso: "O que procura não está em parte alguma". Sim, porque ele procura a si mesmo. Ele se enxerga e se admira, mas não tem clareza de que vê a própria figura e não outra. Narciso não vê uma falsa imagem. É a imagem de si que, em algum momento de solidão e cansaço, ele consegue enxergar.

Ele vive o desejo da entrega, de se dar ao outro; entretanto, pelo desconhecimento de si e do que realmente procura, assusta-se com a possibilidade de ser aprisionado, constrangido. E, claro, se não enxerga a própria beleza, como pode acreditar que alguém o enxergue belo e o deseje?

Em certo sentido, Narciso é o exemplo superlativo e personificado do que a maioria das pessoas vive atualmente, no esvaziamento das relações, na impossibilidade de trocas legítimas e no cansaço do cultivo da aparência. Mas também é a revelação da interioridade bela e sensível, representada na flor que desabrocha com a decomposição dessa couraça, dessa estratégia de defesa que foi alimentada por toda a vida.

Tenho ainda outra hipótese acerca desse medo de Narciso de se dar, medo que é tão comum nas condutas narcisistas e que tem crescido cada vez mais, impedindo as pessoas de aprofundarem suas relações e viverem em intimidade. Em minha percepção, a recusa de se dar, contrariando o próprio desejo, tem a ver com o receio das prisões que o outro representa ou com as privações que parecem ser impostas pela relação com esse outro. Mas a entrega só parece tão assustadora porque o narcisista já vive aprisionado, só não se dá conta disso.

E quais são as prisões do narcisista? Um pouco de cada uma daquelas elencadas no início deste livro. O narcisista, como exemplo extremo, desvela a realidade que muitos vivem hoje, e por isso o trouxemos aqui, pois é o ser humano destituído de si, desconectado de sua alma, vendido ao olhar do outro.

É por isto que as pessoas narcisistas acabam sendo tão sedutoras, tão apaixonantes em algum momento: elas dependem desesperadamente do outro para se sentirem vivas, importantes, necessárias. Todavia, como não nutrem nenhuma interioridade, não reconhecem a própria beleza e estão afoitas pela sobrevivência psíquica, não conseguem se dar verdadeiramente às relações. Daí o motivo de os parceiros se sentirem usados.

Não acredito que se trate de maldade, de intenções perversas; entendo que é mera consequência do desespero experimentado pelo sujeito que está se afogando no próprio buraco interior e que busca intensamente algo ou alguém em quem possa se segurar para não afundar.

Cabe ainda um comentário acerca da presença da mãe de Narciso, que muitas vezes passa despercebida. Ela, assim como muitas mães, não sabia como lidar com a beleza do filho; então, certa de que Narciso era diferente, foi até o adivinho em busca de orientação.

Isso revela que a mãe de Narciso muito provavelmente não era capaz de enxergá-lo como uma criatura comum para além de sua beleza. Chamo a atenção para esse aspecto, pois já vi esse drama se repetir e fico a questionar em que medida pessoas com perfis narcisistas não conseguem se ver, perceber as próprias belezas, sentimentos, dores e necessidades porque seus pais também não lhes propiciaram tal experiência. Inebriados por uma certa beleza, pela capacidade de a criança se destacar em algo, pelos traços que são admirados pelos demais, esses pais não conseguem enxergar o ser humano a quem devem educar, pois estão presos à *performance* dessa criança.

Para piorar a situação, não é incomum que mães de filhos narcisistas também tenham traços narcisistas ou personalidades mais duras e ressentidas. São geralmente pessoas que não conseguiram se reconhecer em sua humanidade e, por consequência, são incapazes de se relacionar com os aspectos humanos dos filhos. E se essas mães enfrentaram privações decorrentes de uma dinâmica familiar infeliz, a problemática se intensifica, pois desejarão fazer dos filhos o caminho de autovalorização que não alcançaram por si mesmas.

Dessa forma, os filhos são declaradamente educados para atender ao mundo externo, desconectados da própria realidade interior. Vítimas do subdesenvolvimento psicológico materno, acabam acreditando que só terão o amor da mãe caso se submetam aos desejos dela, os quais geralmente se originam numa carência de valorização, aplauso, reconhecimento e cuidado. É comum os filhos se mostrarem preocupados em deixar a mãe sozinha e, com isso, castrarem a própria vida juvenil ou adulta. Há também aqueles que enfrentaram dificuldade nos relacionamentos, pois ninguém ocupa tão bem o papel modelado pela mãe na relação simbiótica que mantiveram.

Independentemente da configuração e das características de cada relação, o desafio é o mesmo. Em algum momento, o indivíduo precisará desconectar-se do exterior, aqui incluídos os pais, e voltar-se para si, por vezes com assombro, ao reconhecer o esvaziamento oculto por trás de belas *performances* ou a dor silenciada pelos muitos aplausos.

Somente quando compreendidos os elementos que pautam o perfeccionismo e o narcisismo é possível construir as bases do reconhecimento do próprio valor, a saber, o desempoderamento do outro como critério do que é valoroso ou não e a disposição de olhar para a própria beleza e integrá-la, ultrapassando as linhas do inconsciente e mergulhando em si para experimentar o autoencontro.

Valor moral

Ser o que penso? Mas penso ser
   tanta coisa!
E há tantos que pensam ser a
   mesma coisa que não pode haver
   tantos!
Gênio? Neste momento
Cem mil cérebros se concebem em
   sonho gênios como eu,
E a história não marcará, quem
   sabe?, nem um,
Nem haverá senão estrume de
   tantas conquistas futuras.
Não, não creio em mim.
Em todos os manicômios há
   doidos malucos com tantas
   certezas!
Eu, que não tenho nenhuma
   certeza, sou mais certo ou menos
   certo?
Não, nem em mim...
Em quantas mansardas e não
   mansardas do mundo
Não estão nesta hora gênios-para
   si-mesmos sonhando?

*Quantas aspirações altas e nobres
e lúcidas [...]*

**Fernando Pessoa, do poema
"Tabacaria"**

O trabalho do ego

Viemos desconstruindo a ideia de que aquilo que a sociedade valoriza coincide com o valor pessoal, ideia segundo a qual esse suposto valor seria capaz de preencher o vazio que sentimos e atender às necessidades da alma. Cada cultura – bem como seu contexto sócio-histórico – desenvolve valores muito particulares e, por vezes, bastante distintos de outros, como é o caso da noção de beleza na Itália da Idade Média, no Brasil ou no Oriente Médio de hoje.

O drama consiste em que o ego está sempre comprometido com esse olhar para fora, desconectado da realidade interior, rendendo-se a essa visão como se ela detivesse as verdades às quais ele precisa se submeter ou definisse a métrica com que ele deve avaliar a si próprio.

Há que se ter em mente que o sentimento de valor e preenchimento não é dado pelo ego, pois ele não tem esse poder.

O ego é a instância que media a relação entre o consciente e o inconsciente, mas ele não é o gerente da psique[6]. Seu trabalho é mais de administração, visando organizar a relação entre o mundo interno e o mundo externo num diálogo entre desejos, verdades, demandas e regras sociais. Mas, acima de tudo, ele é o executor do *Self*, ou seja, é quem materializa no mundo os desígnios divinos ditados pela realidade interior. Contudo, como já vimos, esse ego está tão voltado para fora que esquece que seu trabalho não é de elaboração do mundo externo, mas de

---

6 Cf. "O porteiro e o dono do prédio", quarto capítulo de minha obra *Em busca de si mesmo*. Cf. tb. a *playlist* intitulada "Estruturação egoica" em meu canal no YouTube (https://www.youtube.com/@PsicologoMarlonReikdal).

mediação entre um mundo e outro e, para isso, precisa estar também muito atento às demandas interiores.

Diga-se de passagem, o ego já se rendeu a todos esses valores momentâneos em detrimento da realidade interior que lhe é desconhecida; por isso, não consegue sentir um mínimo de sustentação interior, um mínimo de valor que lhe garanta estabilidade e um senso mais duradouro de identidade permeado pelo prazer em ser quem é.

A alma, a vida interior, até chega a pronunciar parte das nossas verdades através de *insights*, sonhos, projeções e sintomas; todavia, insistimos em nos manter surdos porque, ao considerá-los, temos que nos lançar ao severo trabalho de nos inserirmos no mundo de outra forma. Assim, com o ego procurando o caminho mais fácil, negamos a realidade interior que produziria mudanças significativas, daí nos sentirmos vazios e tentarmos nos preencher com os valores do mundo.

O desafio do encontro com o próprio valor, volto a dizer, não tem a ver com conquistas no mundo externo, mas com a descoberta, a apreciação e a integração do mundo interno na relação com o mundo externo. Essa não é uma tarefa de um ego supostamente forte, que faz e acontece para ser aplaudido pela sociedade por seu próprio esforço ou disciplina. É uma questão de reconhecimento interior, e aí está a força do ego: na capacidade de reconhecimento do ser em sua dimensão maior a fim de bancar essa realidade no mundo, pagando o preço de assumir suas verdades, abrir mão dos aplausos vazios e conquistar os espaços que sejam mais propícios a tal realidade. Nesse sentido é que tenho proposto uma desvinculação dos discursos e práticas exteriores, para, uma vez desatados deles, podermos reconhecer a realidade interna, única fonte capaz de nos dar legítimo senso de estrutura, conexão e preenchimento existencial.

Para contribuir com seu percurso, quero fazer uma digressão de algo que sempre prezei, a discrição pessoal, e compartilhar algo muito meu, porque sinto que minha alma pede isso. Digo digressão, pois sempre acreditei que não devemos revelar muito do nosso processo psicoterapêutico, justamente porque estamos sempre em construção, e, por vezes, o que antes parecia ser não é mais, e as coisas em que nos pautávamos se desfazem. Além disso, acredito que seja delicado compartilhar as escolhas que fizemos e caminhos que tomamos porque algumas pessoas podem defini-los como modelos ou referências. Por outro lado, também penso: se você já me acompanha, lê o que escrevo e ouve o que digo e ainda tem como referência alguém de fora, então preciso apenas insistir que você se volte para si e entenda que você deve ser seu próprio referencial.

Quero partilhar um pouco do percurso que trilhei até começar a reconhecer meu valor justamente por eu ter sido uma daquelas pessoas muito bem-sucedidas que, mesmo em face de tantos pódios e tantas atitudes nobres, não conseguia sentir o próprio valor de verdade. Vivi muitos momentos eufóricos, daqueles que causam sensação de êxtase, mas essa sensação era tão fugaz e tão passageira que não produzia nada que fosse transformador e estável em termos de personalidade.

Desde os 12 anos, eu já dava palestras para adultos que me bajulavam e me exaltavam cada vez mais. Com 17 anos, havia passado em meu primeiro vestibular, ingressando em uma universidade federal; dois anos depois, tendo desistido daquela primeira graduação, passei em outro curso, na mesma instituição bem-conceituada. Na graduação de psicologia, fui reconhecido e agraciado com várias bolsas de monitoria e extensão e participações em diferentes projetos. Ganhei três prêmios de pesquisa e fui convidado para fazer dois mestrados. No grupo religioso de que eu fazia parte, não era diferente. Fui tomando a frente de diversas atividades e, aos 19 anos, já compunha a presidência do grupo, tendo sido indicado para vários outros cargos fora dali e convidado a dar palestras e seminários, inclusive em outros estados. Profissionalmente, mesmo recém-formado, recebi um convite para trabalhar em um hospital psiquiátrico; pouco tempo mais tarde, integrava a direção da instituição, coordenando o programa de estágios e delineando um novo projeto terapêutico.

Aos 26 anos, fui convidado a escrever em parceria com o mais conhecido orador espírita no Brasil e no mundo à época. Casado, com dois filhos adotivos, vida financeira estável e um futuro promissor, eu tinha um consultório maravilhoso, com fila de espera de pacientes; ademais, rodava o mundo ministrando cursos e palestras. E o mais assustador: nada disso era suficiente no que se referia à minha noção de autovalor. Eu vivia tentando provar aos outros meu valor, tinha muita dificuldade em lidar com críticas, era extremamente reativo e impositivo e completamente atrapalhado quando as relações ou atividades em que estava inserido esbarravam nessa sensação de desvalor.

Hoje começo a ter mais clareza de que a vivência do próprio valor não é um prêmio nem um elogio que se conquista do entorno; ela resulta do encontro interior, da assimilação das verdades que já abrigamos, mas não enxergamos – ou até enxergamos mas não conseguimos integrar realmente, como foi o meu caso, o de Narciso e o de inúmeras outras pessoas hoje em dia.

Por essa razão, assumi o compromisso de escrever este livro para encorajá-lo a olhar para a sua vida com olhos mais amorosos, cheios de respeito e de reconhecimento, integrando suas verdades independentemente dos aplausos do mundo, entendendo que esse é um caminho de encontro com o próprio valor. Isso, sim, é trabalho do ego.

Por fatores como relação familiar, educação escolar, sociedade e cultura, bem como a própria imaturidade psicológica aliada a traumas e outras pressões, o ego não consegue desempenhar sua função de maneira apropriada. Ele fica com os olhos voltados apenas para fora, alienado da verdadeira identidade do ser, desesperado por migalhas de que possa se alimentar, por não entender que o valor pessoal é algo que se percebe, que se atribui, e não algo que se conquista como uma medalha oferecida pelo juiz ali fora.

Com base na tragédia de Narciso, identificamos dois passos imprescindíveis nessa jornada: enxergar quem somos e integrar essa visão à nossa personalidade. Porém, para cada um desses passos, há novos desafios e outras desconstruções que precisam ocorrer. Em primeira instância, a dificuldade de enxergar determinados elementos tem relação com alguma dose de moralismo, e isso precisa ser posto em xeque. Além desse moralismo, à medida que nos aprofundamos em nós mesmos, vamos nos deparando com questões que reconhecemos como problemáticas, que trazem complicações e põem nossas relações à prova. Nesses casos, coloca-se diante de nós o grande desafio de descobrir como lidar com tais questões de modo a integrar as nossas verdades, com todas as nossas belezas e feiuras, adequações e inadequações, pelo simples fato de que esse conjunto é o que somos.

O moralismo que nos distancia

Eu já escrevi algumas boas páginas e falei incontáveis horas sobre o processo de autodescobrimento, sobre quem somos para além do ego e dos valores que emergem do inconsciente[7]. Porém, aqui, quero me debruçar sobre os moralismos que nos impedem de enxergar quem somos ou, mesmo que tenhamos nos enxergado, nos privam de nos apropriar do que vimos, tamanha a ascendência dessas exigências morais sobre nós. As desconstruções produzirão, natural e progressivamente, maior clareza daquilo que vemos, favorecendo que nos vinculemos ao que realmente somos.

Chamo de moralismo a preocupação exagerada com as questões morais. Por algum motivo, a moral foi tão intensamente atrelada à religião que, quando se fala em educação moral, por exemplo, a maioria das pessoas é remetida à educação religiosa ou espiritual. Mas isso é impróprio. O tema da moral tem dimensões psíquicas, filosóficas,

---

7 Para ampliar suas percepções sobre você mesmo, também sugiro o *podcast* com o mesmo título, "Vai pra dentro!", no Spotify. Os episódios seguem um percurso diferente do apresentado no canal do YouTube, auxiliando você a resgatar sua história e o valor que decorre dela.

sociológicas, e há cada vez mais estudos que discorrem sobre ele, bem como sobre seus desdobramentos no cotidiano.

As religiões, de um modo geral, têm se mostrado incapazes de lidar com as questões da moral. Caíram no fosso do moralismo porque não conseguiram permanecer no lugar caracterizado pela impermanência, no espaço das transformações sociais e das noções culturais às quais a moral está muito conectada. Desejando deter a chancela da verdade, as religiões se tornaram impositivas, absolutistas, castradoras.

Pode até ser que tivessem a boa intenção de direcionar o homem para Deus, mas o que verificamos hoje é que fracassaram nesse intento. Parece que as religiões quiseram se apossar de Deus em vez de promover reflexão sobre a vida e a relação com o divino. Estavam mais preocupadas consigo e com seu ministério do que com Deus, daí estarem, muitas delas, falidas.

Jung, na obra *Estudos alquímicos*, fala de uma religião filosófica, o que me dá a impressão de que ele não acreditava que as religiões fossem capazes de conduzir o homem para dentro de si mediante reflexões maduras, que não pela via de imposições ou castrações como temos visto.

Quem sabe a psicologia ou a educação, em diálogo com outras ciências como a filosofia e a sociologia, assumam esse papel na atualidade, caso tenham coragem de adentrar as questões morais sem a rigidez do moralismo e sem tantos relativismos, porque a nenhum de nós foi designado o poder de definir o que é certo e o que é errado, bem ou mal, mas temos muito a refletir sobre isso.

Precisamos nos dedicar a compreender como o ser humano faz essas construções, a serviço de que as realiza e quais são as consequências, conscientes ou não, desse empreendimento.

O que vejo na atualidade é que, se por um lado a religião se apropriou das questões morais como se fossem sinônimo de estudos religiosos, por outro, a psicologia se apartou delas na tentativa de obter reconhecimento mais amplo e garantir a própria cientificidade.

Carl Gustav Jung foi de uma genialidade tamanha ao conseguir levar a religião para o âmbito da análise, sem que a primeira fosse colocada como referência, nem a segunda fosse difamada. Ele reconheceu a influência da religião na constituição do sujeito e verificou como as questões morais passaram a desafiar o desenvolvimento pessoal. É nessa abordagem que nos apoiamos para falar de assuntos ligados à moralidade.

Chamo de moralismo não apenas a presunção de definir questões morais, de se promover como modelo do que é correto e verdadeiro, que acaba mais oprimindo do que transformando. O moralismo, no meu entender, está relacionado ao desejo de definir a direção a ser seguida e aos critérios para tal definição. Por moralismo, entendo a postura que desconsidera o que somos ou sentimos para assim nos enquadrar em regras, em métricas, como se fosse possível negar a realidade existencial e nos moldar aos discursos morais estabelecidos.

Creio que muito dessa presunção justifica o fato de a maioria das religiões caírem em descrédito perante as ciências, pois, ao se apresentarem como detentoras da verdade imutável, desconsideraram a condição humana e toda a complexidade que compõe o ser humano e as sociedades. Ademais, alegando o objetivo de conduzir o homem a Deus, negaram a realidade terrena e a vida concreta das quais não é possível nos desconectar sem risco de graves problemas psicológicos e de consequências sociais.

É necessário falar disso quando se discute o autodescobrimento, pois o moralismo é um dos principais fatores que nos impedem de mergulhar em nós mesmos. Toda vez que nos deparamos com algo que foge aos preceitos morais estabelecidos, tendemos a querer "engolir" o que sentimos, reprimindo a vida interior para nos adequar ao que está posto do lado de fora.

Para nos adequarmos àquilo que supostamente se espera, vamos mutilando a realidade interior, como se fosse possível nos moldarmos às demandas externas e escaparmos aos riscos de adulteração psicológica e adoecimento emocional. Acontece que, ao final desse percurso insólito, estamos de todo esvaziados e, por conseguinte, depreciados por nós mesmos, doentes, numa sociedade adoecida em que passamos despercebidos.

À medida que entendemos que valor tem a ver com vínculos e apreciações, conseguimos perceber quão danosas são essas posturas moralistas. No fim das contas, tudo o que elas fazem é nos desconectar da realidade interior, conduzindo-nos à autodepreciação. Por isso, não há como desenvolver um senso de valor pessoal sem que sejam descontruídas.

Quem define o que é moral

Quando dizemos que a sociedade em que estamos inseridos se pauta em algumas loucuras, o disparate não está apenas no fato de os valores por ela apregoados não fazerem muito sentido em termos psicológicos e ainda nos causarem danos, mas também no fato de que eles se mantêm e nós os alimentamos. Exemplo disso é a noção de bom comportamento. Parece que desde muito pequenos vamos prestando atenção ao que é considerado bom menino, ao menino elogiado, ao querido e desejado, então nos sentimos mais valorosos ou menos valorosos, conforme nos julgamos merecedores ou não desses adjetivos. Mas a pergunta é: "Quem define o que é um bom ou um mau comportamento?"

Em *Estudos alquímicos*, Jung afirma que "a prática religiosa e a moralidade assumiram um caráter decididamente brutal, para não dizer, maligno" (§ 54).

Isso me faz pensar nos moralistas sorrateiros, aqueles que usam de palavras bonitas e boa entonação da voz, mas, por desconhecerem o funcionamento psíquico, acreditam que seus discursos opressivos e castradores ajudam as pessoas só porque neles se faz uso equivocado de termos como "transformação moral", "reforma íntima" ou "sublimação". Isso é mera camuflagem de moralismos e imposições.

O suposto bom comportamento é, quase sempre, anunciado por uma pessoa ou instituição que, com interesses declarados ou não, quer moldar, enquadrar ou definir as demais pessoas de modo a submetê-las à sua visão de mundo e às concepções que servem aos seus interesses.

Essa foi uma das grandes denúncias de Michel Foucault (1926-1984), que questionou a serviço de quem estavam os discursos de normalidade, adequação e moralidade.

Para a religião opressora, bem-comportada é a pessoa que não questiona nem critica, que se submete ao que é dito e atua a partir dessas imposições. Porém, a depender do curso universitário, por exemplo, o bom comportamento estudantil corresponderia ao exato oposto: à postura crítica que não se submete ao pensamento vigente, mas busca algo novo e transformador.

Na maioria dos contextos, há um certo medo de fugir do que é determinado como normal, adequado ou bom, como se isso fosse sinônimo de errado, mal ou problemático. Contudo, a busca pela normalidade que nos esconde da imoralidade vem sendo cada vez mais questionada. Isso é excelente, pois favorece que fiquemos mais atentos ao que está por trás do que é dito, sem que os discursos nos atravessem com tanta facilidade influenciando nossas escolhas e a percepção de quem somos.

Para um marido opressivo que desrespeita a mulher e acha que isso é normal, o dia em que ela começar a reconhecer o próprio valor e o próprio lugar no mundo, estabelecendo limites, será vista como um problema. Cá entre nós, seria mesmo errado ou imoral ela passar a agir dessa maneira? Claro que não. Mas quantas pessoas se sentem desrespeitadas por não conseguirem reconhecer o próprio valor nem delimitar espaços mais saudáveis porque receiam ser consideradas imorais, inadequadas, arrogantes ou agressivas?

É por esse motivo que aprecio muitíssimo o episódio em que Jesus expulsa os vendilhões do templo (cf. Mt 21,12-17; Mc 11,15-19; Lc 19,45-48; Jo 2,13-22). Quando foi necessário, o mesmo homem que enaltecia os brandos e pacíficos, desceu o chicote em quem usava mal o templo, e essa é uma das poucas passagens que é repetida nos quatro evangelhos, para não deixar sombra de dúvida.

As ideias de normalidade e moralidade, quando abrigadas sem crítica ou reflexão, tornam-se grandes e pesados discursos capazes de direcionar nossa vida e interferir na noção que temos acerca do nosso próprio valor. Então, quando precisamos enfrentar rompimentos, mudanças, distanciamentos, sentimo-nos mal, como se o adequado fosse nos submetermos a tudo e a todos, garantindo nossa "ida para o céu" por sermos bons (e destruídos internamente).

Sem o saudável distanciamento dessas concepções moralistas, não conseguiremos avançar porque elas nos desconectam de nossas emoções, necessidades e possibilidades.

Todos que fogem de uma suposta normalidade sentem esse peso, seja nas questões comportamentais, temperamentais, sexuais, de gênero etc., como se fosse imoral desviar do senso comum.

Em algumas culturas, a mulher que reconhece seu desejo sexual corre o risco de julgar a si mesma como vagabunda, embora isso não passe de uma concepção moralista. Do mesmo modo, um homossexual pode se punir internamente por se considerar uma pessoa suja, imoral ou inadequada.

Quem definiu isso ou aquilo como errado ou imoral? Há que se fazer essa pergunta para conseguir se livrar do peso dos julgamentos morais e se aprofundar em si mesmo. Há que se situar esses discursos num certo momento, reconhecer as intenções e os interesses silenciados. Há que se identificar as relações de poder, controle e opressão que nos impedem de reconhecer quem somos, porque, uma vez nomeados e refutados, não podem mais atuar em nossa psique com tanta força e, por isso, não podem mais nos invalidar.

Claro que, quando alguns de nossos aspectos são considerados maus, nossa limitação psicológica nos leva a acreditar que eles precisam ser rejeitados ou anulados para que nos tornemos pessoas melhores.

Mas calma aí! Melhores para quem? Quais são os critérios? O que pode haver por trás deles? Faz sentido acatar esses discursos e trair a nós mesmos querendo ser algo que não somos? Que loucura foi essa a que a religião se lançou a ponto de, em vez de conduzir o homem para o encontro consigo – realidade sinalizada pela afirmação de que o reino dos céus está dentro de nós –, apartou-nos ainda mais, levando-nos à autodepreciação e à negação da própria condição humana para assim ter um suposto acesso ao divino?

A sombra e a estruturação interna

Vivi, estudei, amei, e até cri,
E hoje não há mendigo que eu não
* inveje só por não ser eu.*
Olho a cada um os andrajos e as
* chagas e a mentira,*
E penso: talvez nunca vivesses
* nem estudasses nem amasses nem*
* cresses*
(Porque é possível fazer a
* realidade de tudo isso sem fazer*
* nada disso);*
Talvez tenhas existido apenas,
* como um lagarto a quem cortam*
* o rabo*
E que é rabo para aquém do
* lagarto remexidamente.*

**Fernando Pessoa, do poema
"Tabacaria"**

O imoral em nós

Embora em meus vídeos e obras anteriores eu já tenha me referido à sombra psicológica e feito várias indicações de leitura, esse é um conceito tão complexo que nunca será demais abordá-lo, em especial quando se trata de sua aplicação em nossa vida.

Em termos práticos, o conceito junguiano de sombra é assustador porque pressupõe aceitar aquilo que negamos ou que não gostamos ou, ainda, características que sempre nos esforçamos por rechaçar. Jung define a sombra como "aquela personalidade oculta, recalcada, frequentemente inferior e carregada de culpas, cujas ramificações se estendem até o reino de nossos ancestrais animalescos, englobando, desse modo, todos os aspectos históricos do inconsciente" (2015, § 422).

Isso quer dizer que a sombra psicológica se refere aos temas morais em que mais temos dificuldade, que são pesados e cujo enfrentamento às vezes parece insuportável.

Aqui se enquadra tudo o que não queremos ser, as coisas às quais receamos estar relacionados muito provavelmente porque temos a sensação de que, ao nos aproximarmos delas, ninguém vai nos amar, não teremos lugar no mundo, seremos privados de consideração e de respeito. Mas é exatamente o contrário: por corresponder à nossa verdade negada, ao potencial não assumido, a sombra tem papel estruturante na personalidade, e é dali que provém nosso tesouro.

Precisamos entender que todos nós fomos agentes de repressão, negando nossos conteúdos e escondendo de nós mesmos aquilo que não era apreciado, valorizado ou acolhido pelo outro. Então, para tentar caber no olhar e no julgamento alheios, fomos nos mutilando internamente, como se isso pudesse garantir valor, apreciação e preenchimento.

Contudo, o que mais dificulta a compreensão dessa realidade é que o processo de repressão é inconsciente; ou seja, nós nos estruturamos a partir dessas rejeições sem perceber que fazíamos isso e, agora, estamos convencidos de que já melhoramos ou que aquilo nunca fez parte de nós.

Porém, com o passar do tempo, mesmo sendo alvo de elogios e reconhecimentos externos, mesmo tendo a valorização ou o aplauso do mundo, sentimo-nos em falta, suscetíveis demais, desprovidos de uma estrutura interna que nos sustente perante os desafios da vida. Por causa dessa desconexão, ficamos psicologicamente vulneráveis, com medo de mudanças, ansiosos ou deprimidos pela ausência de sentido e de profundidade.

Você já deve ter experimentado essa sensação de sentir-se em falta, mas ao mesmo tempo não saber o que exatamente está faltando. É um senso de reconhecimento de que a vida interior não está plena ainda que tudo ou quase tudo esteja garantido do lado de fora. É nesse momento que muitos começam a atirar para todos os lados, buscando novas relações, novo trabalho, novos *hobbies*, num ato desesperado para se encontrar; contudo, esse encontro nunca ocorre porque a busca se baseia em escolhas feitas por outros.

Fato é que estamos capengas internamente, não dispomos de uma estrutura que nos defina e nos sustente na vida; isso é resultado de termos nos vendido ao mundo. Assim agimos, quase todos, desde muito novos, sem nenhuma consciência do próprio autoabandono. E vamos nos configurando desse modo, como se de verdade fôssemos essas pessoas esvaziadas e essa fosse a vida "normal" a que devemos nos adequar, tentando nos preencher com comida, compras, bebidas, jogos, entretenimentos e mais distrações.

A criança que negou sua introversão para atender às demandas familiares exibicionistas será tão frágil internamente como a extrovertida que negou sua espontaneidade para sobreviver às críticas e repressões no ninho doméstico.

Ao estudar a psicologia profunda, descobrimos que não interessa se algumas características são consideradas bonitas ou feias, adequadas ou não: elas são partes essenciais de nosso ser, são bases da nossa personalidade e, enquanto forças que nos estruturam a vida, não podem ficar de fora sob o risco de comprometer toda a estrutura.

A psique, a nossa verdade, não está comprometida com o que os outros pensam. Embora muito de quem somos se construa nas relações, há em nossa composição alguns elementos inegavelmente presentes desde a tenra infância e outros que se diferenciam de tudo o que foi valorizado ou que se esperou de nós do lado de fora.

Em minha concepção, pelo motivo de esses elementos serem tão genuínos, tão básicos, apresentando-se desde muito cedo, é que afirmo que eles compõem a essência da nossa personalidade. Sendo assim, a negação deles inviabiliza a estruturação interior e o reconhecimento do próprio valor. Trata-se de aspectos formativos, fundamentos de quem somos; portanto, não há como identificar o próprio valor enquanto eles são desconhecidos ou rejeitados por nós mesmos.

Embora a integração da sombra não seja um exercício puramente racional, pode valer a pena você tentar se abrir para aquela criança que deixou abandonada lá atrás, que era malvista ou criticada por alguém da família. Tente deixar vir à mente os traços que se manifestavam de maneira natural, como parte da sua personalidade, mas que, em algum momento, não foram acolhidos por não serem bem-vindos.

Claro que para algumas pessoas será mais fácil do que para outras, mas não se abandone tão rápido caso sinta dificuldade durante esse exercício. Ouvi inúmeras pessoas relatarem que não conseguiam recordar praticamente nada da infância. Eu mesmo vivi isso. Para muitos de nós, as primeiras lembranças coincidem com a época em que começamos a nos adulterar visando adequação às demandas externas. Simplesmente não conseguimos acessar o que havia antes disso.

O esquecimento parece uma estratégia do ego querendo convencer-se de que foi ali que a história começou – como dizem alguns: "Sou assim desde que me conheço por gente" –, na tentativa de assegurar que tudo o que for diferente ou conflitante fique relegado ao esquecimento.

Isso é como nadar contra a maré, eu sei! Mas é exatamente o que temos feito até aqui. E precisamos ir além.

Por vezes, até o que nossos pais contam de nós já é uma versão deturpada, corrompida, pois corresponde ao que lhes agrada e atende às expectativas nutridas por eles. Não raro, depois de algum tempo, quando as coisas começam a se revelar, eles mesmos concordam, dizendo ingenuamente: "É verdade, quando pequenininha você era desse jeito mesmo" ou "Você sempre foi assim", assumindo um aspecto indesejado por eles e negado até então.

O mais interessante é que, quando nos abrimos para esse desvelar, a vida se movimenta ao nosso favor. Recebemos a visita de uma tia com quem moramos, reencontramos uma vizinha, achamos uma fita de vídeo do tempo de nossa infância, resgatamos um álbum de fotografia... Quando começamos a fazer as perguntas adequadas, o inconsciente se movimenta a favor do autodescobrimento. É da natureza dele estar pronto para vir à consciência, mas isso só acontece quando o ego abandona as defesas morais e abre-se à verdade.

O inconsciente deseja se fazer consciente, não é necessário grandes esforços ou raciocínios complexos para encontrá-lo. Ele se manifesta a todo momento, no cotidiano, tentando nos mostrar aquilo que precisa ser reconhecido. Mas só quem tem ouvidos para ouvir é que de fato o ouve, pois o ego tenta eliminá-lo a qualquer custo para manter sua posição na hierarquia. Afinal, quando as sombras começam a aparecer, todo o senso de centralidade que tínhamos se desvanece, e as verdades em que acreditávamos ao nosso respeito caem por terra para que um novo eu comece a se erguer, menos vendido ao mundo e mais conectado ao *Self*.

Outro caminho que possibilita levantar boas hipóteses nessa jornada de autodescobrimento e resgate do que ficou perdido é perceber os discursos e as exigências que vigoravam em nossa família. Tente pensar naquilo que era negado ou rejeitado, declarada ou silenciosamente. Você também pode pensar sobre o que era esperado, estimulado, valorizado ou aplaudido. Por aí também é possível esmiuçar o que tinha e o que não tinha espaço na família. E se prepare, pois, se você de fato estiver aberta para esse descortinar, diminuindo as influências externas e se comprometendo com seu mundo interior, a vida colocará verdadeiros tesouros em sua rota de autodescobrimento.

Por trás da imoralidade

Este é um momento crítico de nossas reflexões, talvez o mais desafiador: aceitar o imoral em nós. Quando digo isso, percebo a reação das pessoas, pois ainda carregamos um senso de moralidade e uma concepção tão arraigada de céu e inferno que, para muitos, dizer que precisamos aceitar o imoral em nós soa como uma sentença de morte.

De fato, é uma sentença de morte para o ego que se vendeu ao mundo pretendendo obter algum tipo de valor ou consideração. Essa fantasia precisa morrer para que o verdadeiro senso de valor possa nascer.

Sendo assim, adentremos esse campo da imoralidade com cuidado, entendendo primeiro que os aspectos imorais ou pouco recomendáveis, como descreve Stein (2016), são apenas características contrárias aos costumes e convenções morais de uma sociedade, e não uma verdade em si.

O imoral não pode ser reduzido ao que é errado ou mal; antes, é um aspecto que exige atenção e precisa ser revisto. Não temos dúvida quanto às concepções de erro e maldade porque viemos de uma cultura impositiva, permeada de definições religiosas, que mais produziram castrações do que despertamentos.

Se o imoral está ligado a determinada cultura familiar ou social, como poderíamos tomá-lo como certo ou errado? Você já teve a oportunidade de saber como os criminosos eram tratados há cem ou duzentos anos? E como era a educação naquela sociedade, ou qual era o valor que as pessoas davam às diferenças raciais? Consegue mensurar a repercussão moral do fato de uma mulher dizer que gostava de fazer sexo oral, ou de um homem se separar porque descobriu sua homossexualidade, ou de uma empregada doméstica exigir seus direitos e reivindicar ser tratada como uma funcionária como todas as outras?

O que se pensaria dessas pessoas há décadas não é o que pensamos na atualidade. É por isso que reforço que a psique não está comprometida com a temporalidade, mas com as verdades existentes dentro de nós. Porém, se nos ativermos ao exterior mais do que ao interior, ficaremos fechados em julgamentos morais que nos impedirão de ir além e, portanto, de encontrar nosso valor.

Ainda somos uma sociedade de homens e mulheres medíocres que não tiveram coragem de se expor, de se expressar, de se realizar no mundo. Somos uma sociedade adoecida que elegeu o olhar tendencioso do outro como verdade, mais do que os próprios sentimentos ou intenções. Pelo medo de ser considerados imorais, matamo-nos antes de tentar viver.

É constrangedor olhar para os conteúdos que nos habitam e que não se adequam aos discursos moralistas predominantes em nossa sociedade. É assustador supor o que as pessoas vão pensar ao nosso respeito quando souberem que somos tomados por compulsões, quando manifestarmos desejos tidos como inferiores, vontades proibidas, sensações estranhas e um mundo inteiro de contradições dentro de nós.

É desesperador para uma mãe reconhecer que em algum momento quis estrangular um filho, ou para um pai de família assumir a mesquinhez que o faz desejar gastar todo o seu dinheiro apenas consigo mesmo e com seus prazeres. Todos nós temos um mundo a ser descoberto. Quanto mais fundo vamos, mais nos assustamos e, curiosamente, mais nos integramos, pois essa realidade sempre fez parte de nós, embora não fosse reconhecida nem identificada, quem dirá aceita.

Ao mesmo tempo que essas coisas são assustadoras, elas nos preenchem porque são a nossa matéria-prima. Não estou dizendo que vamos sair por aí fazendo apenas o que nos dá vontade, sem nenhum controle comportamental. Calma lá! Você precisa entender melhor a sombra e diferenciá-la das atitudes em si.

Posso viver minha sombra de forma construtiva ou destrutiva, a depender de como eu me relacione com ela. Uma coisa é certa: que ela está aqui, está! Se a sociedade vai me classificar como imoral, feio ou inadequado, tudo bem. Sou imoral, feio, inadequado. Essa mudança é necessária: Parar de se dar aos olhos dos outros e aos julgamentos advindos do mundo externo para poder se debruçar sobre si e se enxergar de dentro para fora, sem tanta interferência de lentes alheias.

Essa é a revisão moral que precisamos fazer para diminuir as resistências, aprofundar o autodescobrimento e integrar alguns de nossos aspectos sombrios. Essa é uma condição *sine qua non*, assim expressa nas palavras de Jung: "a sombra constitui um problema moral que desafia a personalidade do eu como um todo, pois ninguém é capaz de tomar consciência desta realidade sem dispender energias morais" (2015, § 14).

Dessa forma, vamos diminuindo as exigências morais e os julgamentos para então viajarmos em direção a quem somos, rumo à nossa cura, ao encontro com o nosso verdadeiro valor. Independentemente de a sociedade denominá-las morais ou imorais, são as nossas verdades.

Vale a pena resgatar a continuidade da frase do médico suíço, quando fala do reconhecimento dos aspectos obscuros da personalidade:

> Este ato é a base indispensável para qualquer tipo de autodescobrimento e, por isso, em geral, ele se

> defronta com considerável resistência. Enquanto, por um lado, o autoconhecimento é um expediente terapêutico, por outro implica, muitas vezes, um trabalho árduo que pode se estender por um largo espaço de tempo (2015, § 14).

Descobrir a sombra é o processo de (re) conhecer-se.

Nesse sentido, Jung nos salva novamente ao dizer: "Só aquilo que somos realmente tem o poder de curar-nos" (2014, § 258).

Assim, fica estabelecido o dilema: ou atendemos ao mundo, aos olhares superficiais e julgadores, ganhando aplausos e *likes*, ou nos voltamos para o interior e renunciamos às recompensas atraentes e inúteis que o mundo pode nos oferecer.

Pense sobre isso, sobre o que realmente a sociedade tem nos oferecido de verdadeiro, de profundo ou significativo. Para que mais amigos se muitos não estarão lá quando precisarmos? Para que mais dinheiro se ele é investido num futuro incerto ou gasto em tratamentos porque estamos adoecidos? Para que mais *status* se ele existe apenas para nos distrair ainda mais da vida interior esvaziada?

Muito me chamou a atenção um texto de Divaldo Franco que alegava o seguinte: "O ser mais hábil no disfarce é sempre o mais homenageado e querido, produzindo-lhe maior soma de sombras e de conflitos, porque se vê obrigado a continuar a parecer aquilo que, realmente, não é" (2014, p. 42). Pouco antes desse trecho, Franco ainda afirmou que todos somos portadores de sombras, mas temos dificuldade de reconhecer e compreender isso como um processo, experimentando assim certa forma de vergonha e constrangimento que fomenta uma sociedade hipócrita, artificial e incapaz de agir de modo maduro e significativo (cf. 2014, p. 42).

Ocorre que fazer essa revisão moral não significa simplesmente afrouxar os parâmetros, mas revê-los, entendendo de onde vieram, o que escondem e qual é o sentido de existirem. Os aspectos humanos ainda não são aceitos nesta sociedade. Nós nos debatemos tentando ser o que não somos.

Aceitar a nossa realidade interna não é um descompromisso com as questões comportamentais ou coletivas, tampouco acomodação ou permissividade. É, acima de qualquer coisa, o reconhecimento de verdades pessoais necessárias para a estruturação interior e que estão na base do reconhecimento do próprio valor.

Quando paramos de nos debater com os aspectos imorais, reconhecendo que, independentemente de serem bonitos ou feios, eles fazem parte de nós, um mundo de reflexões se abre. Uma delas é que, mesmo sendo considerados imorais, esses aspectos são forças que impulsionam a alma. Querer se livrar deles é abandonar um motor que produz energia para nos levar mais longe. Mas, além desse tema, que vamos aprofundar até o final do texto, quero aqui relatar que, por trás das supostas imoralidades, há um novo mundo a ser reconhecido.

Não falo isso para aliviar seu conflito moral e fazê-lo pensar que o feio vai se tornar bonito e, por isso, você vai aceitá-lo. Se você estiver esperando uma coisa dessas, volte às obras que publiquei anteriormente e conheça o programa "Vai pra dentro!" porque você ainda não compreendeu o autodescobrimento como filosofia de vida.

O que quero dizer é que, muitas vezes, o que chamamos de imoralidades são apenas sintomas de algo fundamental escondido ou negado. Já demonstrei isso ao apresentar a condição humana como elemento essencial, na obra *Em busca de si mesmo*. Entende-se que os ditos pecados capitais podem ser defesas egoicas para a condição humana que ainda não está integrada. Quero agora ampliar essa percepção e formalizar que, por trás de praticamente tudo o que chamamos de mau, há um desconhecimento de si; ou seja, algo que precisa ser reconhecido, aceito e integrado.

Não é o mal que destrói o homem e seu entorno, mas, sim, a falta de consciência do que habita o homem. As Cruzadas, a Inquisição e as guerras não foram feitas por homens que se achavam maus, mas por gente que se achava justa, adequada, correta.

Então, vamos descer um andar e olhar por trás dos comportamentos, por trás dos discursos. Ali encontraremos um mundo subterrâneo, desconhecido pelos próprios sujeitos.

Aquilo que temos certeza de que é mau é algo que, segundo a filosofia do autodescobrimento, necessita ser mais bem conhecido. É preciso investigar por dentro os meandros da alma, desde o impulso bárbaro até a pedofilia. A despeito de qualquer avaliação moral, tudo isso requer autodescobrimento, para que, em havendo integração dos conteúdos desconhecidos, haja verdadeira transformação de dentro para fora. Essa é a cura que o reconhecimento de quem somos pode nos proporcionar, dito por Jung.

Quando interpretado como falta de conhecimento de si, o mal deixa de ser uma coisa concreta a ser combatida e rejeitada para ser mais uma manifestação humana que exige consciência. Visto por esse ângulo, ele é a ausência da consciência, do mesmo modo que o frio é a ausência do calor. Não é possível combater o frio; o que se faz é desenvolver o calor, e com isso o frio se extingue.

Essa compreensão nos ajuda a abandonar a postura imediatista, imatura e egocêntrica de achar que sabemos o que é melhor ou pior e decidir unilateralmente como devemos agir ou ser.

O essencial, na perspectiva do autodescobrimento, é renunciar os julgamentos e se perguntar: "O que há por trás disso?"

Por trás do alcoolista, pode haver um homem sensível que não sabe expressar seus sentimentos; do mesmo modo, por trás da mulher impositiva e durona, pode haver uma criança acuada, com medo do abandono e da rejeição. Apesar disso, não fazemos a viagem interior que nos possibilitará eliminar os primeiros elementos. Tudo precisa de espaço na vida, tudo precisa ter um lugar e uma dimensão. Precisamos intensificar essa viagem olhando para os aspectos que consideramos maus dentro de nós, inferiores, imorais, tentando abstrair todos os julgamentos, todas as formas de qualificação, para apenas focar no que temos e como somos. Essa é uma viagem sem fim.

Faço nota à obra *Elogio da loucura*, de Erasmo de Roterdã, que consegue, de forma brilhante, irônica e certeira, criticar essa sociedade de suposta coesão, prudência, sabedoria e comedimento, a qual nos escraviza muito mais do que imaginamos e, em nome da loucura, diz: "Se vos desgostais de vós mesmos, persuadi-vos de que nada podereis fazer de belo, de gracioso, de decente. [...] Portanto, é necessário que cada qual lisonjeie e adule a si mesmo, fazendo a si mesmo uma boa coleção de elogios, em lugar de ambicionar os de outrem." (2011, p. 38-39).

As construções e castrações que vivenciamos produziram nossas personas, as máscaras com as quais nos mostramos para o mundo. Mas não foram elas que nos trouxeram até aqui e não é por causa delas que somos amados ou temos vínculos com outras pessoas. Foram as nossas verdades que nos sustentaram ao longo da vida, estejamos ou não conscientes delas, sejam elas percebidas ou não pelo ego.

Seu valor está em ser quem você é, com toda beleza e feiura característica de qualquer ser humano. Seu valor não está em suas conquistas, mas em sua verdade, por mais doloroso e constrangedor que isso possa ser para o ego.

A infância ferida

A experiência no consultório é um verdadeiro privilégio. Poder acompanhar tão de perto a vida de tantas pessoas me fez aprender muito sobre o ser humano, sobre mim mesmo e sobre a vida. Sendo assim, como um guardador desses tesouros, quero compartilhar três experiências que me marcaram muito e acredito que possam auxiliá-lo.

A primeira delas foi vivenciada por uma moça linda, bem-humorada, disponível e atenciosa, daquelas professoras que parecem ter nascido para dar aula e ensinar crianças pequenas. Porém, faltava algo em sua vida. Ela não conseguia manter relações e, embora fosse bem-sucedida profissionalmente, estava sempre em busca de alguma coisa mais. Em determinado momento do processo analítico, quase que de maneira despretensiosa, essa moça descreveu um sintoma sexual bem comum entre as mulheres, mais até do que supomos: ela não sentia prazer no sexo e, muitas vezes sentia dor durante a penetração. Depois de tanto perambular por caminhos e descobertas do inconsciente, certo dia essa mulher começou a ter algumas lembranças de infância, de como a família gostava de assistir à televisão e de como gastavam tempo na sala de estar. Então lhe veio espontaneamente uma recordação de quando tinha mais ou menos 3 ou 4 anos: ela estava assistindo a uma novela com a mãe e, ao ver um casal de atores se beijando, "sentiu algo na pepeca". Descreveu essa sensação para a mãe, que logo entendeu que a criancinha estava excitada e a repreendeu severamente.

Não quero alimentar a tese de uma simples experiência traumática. Quero que você entenda como essas construções são fortes, pesadas e interferem em toda a nossa vida. Por vezes ficamos apenas com uma cena porque o inconsciente já cumpriu o objetivo de nos mostrar o que precisava ser visto a respeito do nosso funcionamento. É possível

que existissem muitas outras cenas pareci-
das, com a mãe ou com outras pessoas, dos
mesmos sinais de repressão, mas não faria
muito sentido o inconsciente querer trazer
todas elas à consciência. Ao atentarmos a
uma cena como essa e aprendermos a lidar
com ela, assumindo nossas verdades, estamos nos reconectando com todas as outras
e aprendendo a lidar com quem realmente
somos. Afinal, aquela mãe que tinha dificuldade de lidar com a sexualidade não esteve
junto da criança somente naquele episódio
diante da televisão, mas participou de toda
a sua educação.

Depois disso, em pouco tempo a paciente começou a perceber a relação direta entre
aparentemente não ter desejo sexual, sentir-se distante desse assunto e resgatar essas
memórias de repressão e rejeição da sexualidade. Ela não podia estar aberta à sexualidade, afinal, o que foi construído a partir
daquela relação familiar era algo da ordem

do feio, do não aceito, e fonte de desconsideração e repressão maternas.

Quero também ressaltar que não existe mágica quando tratamos do processo de desenvolvimento interior. Ou seja, a tomada de consciência não torna uma questão complexa em um tema leve e fácil para a pessoa lidar, muito menos de uma hora para outra. Talvez aquela paciente sempre considere a sexualidade um tópico um tanto delicado e, como uma cicatriz, ele a deixe sensível ao olhar que tem para si e aos julgamentos do outro. Contudo, à medida que vai assumindo essas descobertas como verdades interiores, o sujeito entende que, mesmo não parecendo "bonitas", são partes de si e, por esse motivo, não podem ser negadas.

Outra situação de que me recordo é a de uma moça que viveu abusos sexuais na infância, mas estava muito longe de saber disso. Nunca tínhamos entrado no tema, e ela falava muito pouco de sexualidade, numa postura "adequada", de moça de família "decente", nascida no interior. Então certo dia ela me disse: "Vejo uma criança sozinha em casa". Falamos um pouco sobre aquela criança, e não passou disso. Depois de algumas semanas, ela começou a completar a cena com novos elementos, até entender que a tal criança era ela mesma, e que a cena que o inconsciente queria lhe trazer era a dos abusos sexuais vividos quando ficava em casa sob os cuidados do irmão mais velho.

A partir desse reconhecimento, essa pessoa pôde olhar com mais cuidado para seu exibicionismo e principalmente para sua história de abandono. Antes de enxergar isso, tentava se esconder de si mesma, usar roupas simples para evitar chamar a atenção e ser uma mãe que de fato não era: completamente atenta e dedicada aos filhos, sem deixá-los por um minuto sequer. Entretanto, essas não eram as suas verdades, mas histórias que o ego construiu para tentar se livrar de quem ela realmente era e das dores que tinha vivido.

Quero descrever ainda um outro caso, de um jovem bastante extrovertido, falante, confiante. As primeiras sessões foram um tanto difíceis devido à grande quantidade de informações, reflexões, pensamentos. Porém, com o passar do tempo, aquele moço que se mostrava tão extrovertido, em oposição à família introvertida, começou a enxergar uma criança silenciosa, que brincava sozinha e não gostava de ser interrompida pelo irmão. Começou também a ver momentos de medo e de tristeza que pareciam o oposto de tudo o que ele havia estabelecido a seu respeito. Por um bom tempo, essas lembranças não passaram de indagações, até que ele pôde perceber quanto seus pais, introvertidos, esperavam a exposição dos filhos e se realizavam nela, e quanto ele foi se vendendo a essa expectativa visando receber a atenção e o cuidado dos genitores.

Esses relatos são muito dolorosos porque revelam as dilacerações da infância. Eu teria dezenas deles para compartilhar e mostrar a você que, de alguma forma, praticamente todos nós fomos nos abandonando na tentativa de sermos algo para o outro, sem perceber que fizemos isso, numa fantasia de que assim seríamos vistos e acolhidos, teríamos lugar e valor. Nós nos desconectamos de nossa realidade interior para nos moldar aos conceitos morais daqueles que nos antecederam e acreditamos que teríamos um lugar de importância ao suprir as necessidades deles.

As experiências infantis são marcantes e profundas porque acontecem no período de estruturação da personalidade. Quando somos crianças, ainda não temos um ego minimamente estabelecido; por isso, estamos muito vulneráveis às influências e aos julgamentos dos adultos, e vamos nos construindo a partir dessas relações.

Vejo inclusive como algumas pessoas têm dificuldade de resgatar essa dor por não compreenderem a complexidade da infância. Minimizam as atitudes dos pais, receiam se vitimizar e temem estar exagerando porque são incapazes de compreender quão opressiva foi a fase infantil em termos de edificação das verdades interiores.

Porém, quando alcançamos uma certa idade, podemos e devemos começar a nos responsabilizar por essa reconfiguração interior. Precisamos resgatar dores, feridas e abandonos, e aprender a ser pais e mães de nós mesmos, como diria o psicanalista James Hollis.

Cito e enfatizo a recomendação de oferecermos a nós o que nossos pais não foram capazes de nos dar, pelo fato de que somos os únicos que compreendem o que se passava conosco, quais eram as nossas necessidades, o que era visto e o que não era, o que se podia sentir e o que era vetado, o que era acolhido e o que era rejeitado. Nossos pais nos educaram e, como alguns gostam de afirmar, eles nos deram o melhor que tinham.

Mas, na maioria dos casos, esse melhor era muito pouco em relação às nossas necessidades interiores porque eles também estavam ligados aos seus complexos, sombras e moralismos, incapazes de nos enxergar com mais cuidado. Somente nós sabemos quais eram as palavras e atitudes necessárias em cada situação.

Então, este é o momento. É hora de se abrir para reconhecer a história esquecida e, assim, iniciar as conversas sinceras, que podem ser escritas, acontecer na frente do espelho ou de olhos fechados, desde que reflitam o compromisso de você consigo mesmo em se dar suporte, atenção e cuidado de uma forma que nunca teve. Você merece e pode se oferecer isso!

Criando vínculos conosco mesmos

Agora nos debruçaremos sobre tudo o que aparentemente não é aceito e pode inclusive ser considerado pelos outros como imoral, mas que faz parte de nós; precisamos nos relacionar com esses aspectos porque aí está a base da estruturação interna.

Vamos tentar delinear esse caminho sabendo de antemão que todo direcionamento acaba por ser uma simplificação, facilitando por um lado e limitando por outro. Sendo assim, entenda a ideia, o sentido; todavia, não veja isso como uma tarefa a ser reproduzida, e sim a tentativa de colocar em algumas palavras a necessidade de acolhimento para a criação do vínculo interior que nos dá senso de valor.

Pense em como é conhecer uma pessoa nova. Quando ficamos presos apenas aos erros e equívocos, a relação não flui, e sempre temos mais e mais argumentos para criticar, reprovar e nos afastar. É um tanto disso que o moralismo faz com a gente. Ele é equipado com lentes severas que nos fazem mirar o que falta, o que não somos e supostamente deveríamos ser. Desse modo, vamos nos distanciando cada vez mais de nossas verdades.

Mas o contrário também é comum. Quando estamos abertos a uma relação, por exemplo, ao conhecer um grande amigo de nosso cônjuge ou um novo chefe com promessas de grandes melhorias para todos, enxergamos com mais facilidade suas características sem tantos julgamentos e tendemos a nos prender aos aspectos de que gostamos.

Isso posto, as perguntas a se fazer são: "A pessoa precisa ser maravilhosa para eu gostar dela? E para eu amar alguém? É preciso que ele seja impecável, sem nenhum erro, equívoco, limitação ou dificuldade para assim receber minha apreciação e meu amor?" Certamente a resposta deveria ser "não"!

Porém, excetuam-se aqui as projeções. Na projeção, enxergamos no outro nosso conteúdo indesejado e inconsciente, o que nos leva a criticar e combater esse outro como se estivéssemos diante de um inimigo – de fato, a pessoa rejeitada e odiada somos nós mesmos[8]. E o mesmo se dá com o apaixonamento, pois nessa situação projetamos nos outros nossas características desejadas, mas não reconhecidas. Entregamo-nos por inteiro, cegamente, mas não estamos nos relacionando com o outro e com suas verdades, estamos apenas projetando nele nossas verdades não reconhecidas[9].

Quando as projeções não estão tão exacerbadas, costumamos dar diferentes pesos às mesmas condutas porque nosso julgamento muda conforme os vínculos que temos. Se estamos mais conectados a alguém, tende-

---

8 Para mais reflexões e referências sobre as projeções, sugiro estes vídeos disponíveis em meu canal no YouTube: "O inimigo em mim: autodescobrimento e projeção psicológica", "39 Mecanismos de defesa: a projeção", e "40 Mecanismos de defesa: projeção × raiva".

9 Para compreender o processo de apaixonamento como produto das projeções, sugiro o livro *Os parceiros invisíveis*, de John Sanford.

mos a relevar suas atitudes com maior facilidade; mas, se desgostamos dela, uma questão mínima já é suficiente para um rompimento ou para a instauração de um problema.

Se transpusermos isso para nós mesmos, começaremos a compreender o caminho que temos pela frente. O vínculo que desenvolvemos com a nossa interioridade, com aquilo que somos, nos sustenta na relação com o que é definido como imoral. Vamos, assim, desenvolvendo a capacidade de acolher-nos com mais respeito e consideração, até apreciar quem somos, independentemente de como o mundo ou as pessoas à nossa volta nos qualifiquem.

A melhor analogia da relação interna se dá a partir da relação externa. O que vivemos conosco é algo semelhante ao amor que temos por um cônjuge, um amigo ou um filho, que mesmo com todas as características indesejadas que apresentam, continuamos a amá-los, apesar de quem eles são.

Eu realmente espero que as desconstruções que fizemos até aqui, tanto dos valores sociais, como da ideia de perfeição e dos moralismos, tenham diminuído suas defesas e favorecido seu processo de autoapreciação, autorreconhecimento e estreitamento do vínculo interior. Reforço isso porque sei que o vínculo não é uma questão de simples decisão. O ego é incapaz de decidir estabelecer vínculos. Não é uma decisão egoica amar ou odiar alguém. Somos conduzidos pelo mundo interior, mas o ego tem um papel importantíssimo nisso, a saber, o de diminuir as resistências e propiciar mais clareza quanto ao que está por trás dos elementos que são valorizados ou rejeitados. É ele que nos faz baixar a guarda para que olhemos a mesma experiência por outro ângulo e deixemos as coisas fluírem.

Não me refiro ao empenho em embelezar o imoral para então nos vincularmos a ele. Não concordo com quem diz que a inveja tem seu lado bom ou que a vaidade ou o ciúme podem ser positivos. Estou falando de algo que ultrapassa isso em muito. Refiro-me ao reconhecimento frio daquilo que manifestamos e à capacidade de aceitar e amar o que somos, independentemente de como sejam tais manifestações. Descobrir o próprio valor pressupõe enxergar e integrar a totalidade do ser, e não apenas aquilo de que se gosta ou o que se julga bonito ou adequado. Esses discursos de embelezamento são disfarces do ego para continuar aceitando e convivendo apenas com o que considera aprazível e pertinente – isso não é transformação moral.

Cada um de nós é um todo, e não podemos nos sentir fortes e preenchidos enquanto não nos relacionamos bem com essa totalidade. Por falta disso é que somos tão vulneráveis ao mundo, tão influenciáveis ao olhar do outro. Qualquer crítica altera nossos sentidos, ficamos abalados ou ansiosos por

muito pouco. No trabalho, nos relacionamentos, na relação com os filhos ou amigos,
vivemos instabilidades pelo fato de não dis-
pormos de uma estrutura interior centrada
no reconhecimento do próprio valor.

Se prestarmos bastante atenção, percebe-
remos que gastamos muita energia em função dos outros, querendo garantir uma estabilidade que deveria ser interna. Parece que
só nos sentimos bem e seguros quando as
coisas do lado de fora estão organizadas. Para
a maioria de nós, basta uma pequena altera-
ção, como a perda de um emprego ou uma
traição, para o nosso mundo interno desabar,
justamente porque não temos estabilidade interior, porque nossa estrutura é muito pequena, frágil ou disforme em razão da ausência
de reconhecimento de nosso próprio valor.

Não há como mudar isso sem o reconhecimento, a assimilação e a apreciação
de tudo o que somos, de bom e de ruim, de
belo e de feio. Essas coisas nos compõem,

são as nossas verdades, e por isso estão na base de nossa plenitude.

Voltando para minha experiência pessoal, digo que, a duras penas, em algum momento, descobri que o homem elegante e inteligente que faz palestras para milhares de pessoas é a mesma pessoa exibicionista, que se expõe mais do que deveria e fala mil vezes coisas das quais se arrepende. O namorado amoroso e sensual que serve, encanta e cativa é o mesmo homem vulgar que pode se perder na pornografia, nos desejos devassos e traidores. Entendi que o autor estudioso e disciplinado que escreve tantos livros e compartilha tantas ideias que tocam as pessoas é a mesma alma egoísta que não quer se dar a ninguém quando está envolta nos próprios projetos. E que o professor atencioso e didático que marca a história dos alunos e daqueles que acompanham seu trabalho contribuindo para a transformação de vidas é também o homem presunçoso que não lida bem com críticas, que se acha melhor do que os demais e tem dificuldade de ouvir os outros. Digo que, depois de muito me debater, aceitei que o filho sábio que auxiliava os pais e outros familiares, orientando-os desde muito pequeno como se fosse um minipsicólogo, é o mesmo adolescente arrogante que gritava e tratava a todos mal quando estava inconformado com uma situação em casa. E que o pai capaz de fazer tudo pelos filhos, os quais, por amor, adotou já mais velhos para lhes oferecer uma vida digna, é o mesmo homem distante que consegue viajar e deixá-los ao ver que começaram a caminhar com as próprias pernas. A duras penas, reconheci que o amigo intenso e querido que faz muita gente querer se aproximar dele e depois sentir saudades é o mesmo moço relapso que se esquece ou se distancia de seu círculo social porque está sempre ocupado com novos projetos e pessoas. Também me dei conta de que o visionário, criativo e disruptivo pensador que tem apresentado ao mundo aspectos interessantes do autodescobrimento é o mesmo homem impositivo e indiferente que machuca quase todos que se opõem a ele.

Eu sempre quis ser o homem elegante e inteligente, o namorado amoroso e sensual, o autor estudioso e disciplinado, o professor atencioso e didático, o filho sábio, o pai virtuoso, o amigo intenso e querido, o pensador visionário e criativo. Achava que meu valor estava nessas coisas. Mas hoje reconheço que nenhuma dessas características existiria se não houvesse o homem exibido, vulgar, egoísta, orgulhoso, arrogante, distante, impositivo e indiferente.

Então, aos poucos estou aprendendo a conviver com elas, a estreitar o vínculo e reconhecer que essas coisas também fazem parte de mim, também merecem meu cuidado e minha atenção, não pelas recompensas que me proporcionam, mas simplesmente por serem quem eu sou, e é nisso que está meu valor.

O seu valor

Fiz de mim o que não soube,
E o que podia fazer de mim não
*   o fiz.*
O dominó que vesti era errado.
Conheceram-me logo por quem
*   não era e não desmenti, e*
*   perdi-me.*
Quando quis tirar a máscara,
Estava pegada à cara.
Quando a tirei e me vi ao espelho,
Já tinha envelhecido.
Estava bêbado, já não sabia vestir
*   o dominó que não tinha tirado.*
Deitei fora a máscara e dormi no
*   vestiário*
Como um cão tolerado pela
*   gerência*
Por ser inofensivo
E vou escrever esta história para
provar que sou sublime.

Fernando Pessoa, do poema
"Tabacaria"

Beleza ou inteireza?

Antes de concluir meu raciocínio, ainda quero falar dos complexos e dos sintomas.

Os complexos e os sintomas psíquicos parecem fazer parte de quem somos, mas isso não é uma verdade simples assim. O sentimento de inferioridade, por exemplo, não é uma revelação de que sou uma porcaria e não tenho valor, do mesmo modo que o homem que traiu não pode dizer que isso é uma característica pessoal a ser integrada. Na realidade, quando assumo que sou o homem que quer trair (ou que traiu), consigo ir além do olhar exclusivamente voltado para mim mesmo e decidir o que é melhor fazer do meu casamento. É preciso ir além desses supostos diagnósticos para se olhar com mais profundidade.

Há pessoas que relatam ter complexo de rejeição, mas em verdade são homens ou mulheres sensíveis, cujas feridas lhes causaram um medo imenso de serem abandonados; são pessoas que rejeitam e se afastam de qualquer indício de rejeição. Entende isso? Que parte da personalidade está se revelando e precisa ser assumida: a da pessoa rejeitada ou da pessoa senvível, ferida e amendrotada?

O mesmo funciona para sintomas como a depressão. Seria suficiente eu assumir que sou depressivo e pronto? Claro que não, senão me afundaria mais ainda nesse sintoma. Preciso, sim, reconhecer essa sintomatologia para poder buscar ajuda. Enquanto não acolho essa condição, não consigo me auxiliar. O autodescobrimento, porém, vai muito além disso, pois faz com que eu identifique o que há por trás da depressão. É possível que eu encontre uma pessoa rígida, avessa a mudanças porque tem uma baixa autoestima e uma dificuldade imensa de perceber que a vida pode ser generosa. Ou posso identificar uma pessoa ressentida, que não aprendeu a cuidar dos próprios sentimentos e foi se magoando com o mundo que não atendia a seus pedidos silenciosos.

É preciso olhar para tudo isso sem colocar pontos-finais, pois o processo de autodescobrimento é interminável. Entretanto, quero compartilhar uma situação que o ajudará a perceber que é possível estabelecer conosco mesmos uma relação de pacificação com a nossa verdade, sem nos fecharmos e sem querermos ser o avesso do que somos.

Conversei sobre isso com um amigo no fim de semana em que eu estava finalizando este texto. Enquanto falávamos sobre o conceito de sombra psicológica, de Jung, esse amigo me contou que o pai dele se divorciou da mãe quando ele tinha 9 anos e trocou-a por outra mulher. Depois, esse pai, sempre mulherengo, agora trocou a segunda mulher por outra. E, estando com a terceira, ela o trocou por alguém. Ao relatar isso, meu amigo me perguntou: "O que será que está na sombra dele?" Claro que dei risada, pois não temos como saber e não nos cabe ficar tentando analisar o outro. Mas o mais interessante é que, em algum momento mais tarde, por motivo diverso, esse mesmo amigo me contou como seus familiares reagiram quando ele assumiu a própria homossexualidade. Numa família americana, conservadora, todos o viram como pecador e tentaram consolá-lo dizendo: "Não se preocupe, todos nós somos pecadores". A única pessoa que não o julgou, que não lhe machucou, que o acolheu e foi capaz de estabelecer longas conversas que realmente lhe ajudaram foi aquele pai mulherengo que havia traído a mãe e se distanciado dos filhos.

Você entende que eles são a mesma pessoa? A mesma energia que levava o pai a trair proporcionou intimidade e fez dele o maior companheiro do filho naquele momento tão difícil! Se fosse possível deixar de ser o homem sexualizado e irrefreável, não poderia ser o pai acolhedor.

Claro que existe a dificuldade de diferenciar o que são os sintomas e o que são as energias que nos compõem, mas não há como eu lhe oferecer uma fórmula para isso, não existe uma linha definidora. A vida vai nos ensinando; afinal, não somos estanques e sempre podemos enxergar algo mais profundo.

A traição é um sintoma, não só da pessoa, mas também do casal. E o que há por trás de um homem mulherengo? Não há como definir porque cada caso é um caso, e, como eu disse, o processo de aprofundamento não termina. Mas fato é que tudo aquilo que está reprimido precisa de um lugar na psique, pois tem uma importante função no nosso desenvolvimento.

"Fulano é um homem que trai" não necessariamente é uma verdade. Pode ser só a manifestação de um homem carente ou narcisista que precisa se sentir desejado por outras mulheres, e não só por uma, mas por várias.

A traição funciona como forma de um escape para esse homem; portanto, precisa ser assumida. Até porque há muitas pessoas que não traem em termos de envolvimento sexual, mas abandonam as famílias de mil outras formas mais aceitas ou valorizadas socialmente, sem identificar o que estão fazendo.

Importante entender que não há como dizer "Eu sou assim" ou "Esse sou eu", como se o mundo tivesse que nos aceitar compulsoriamente, pois fazer afirmações desse tipo pode ser só uma estratégia de defesa do ego para não entrar em contato com as feridas mais profundas e não mexer no que está por baixo do sintoma. Não me venha com "Eu bebo e pronto", como se isso fosse o ponto-final. Cada coisa que descobrimos suscita uma nova questão do tipo "E o que há por trás disso?", num caminho intenso que vai nos guiando à condição humana[10].

---

10 Para diferenciação dos sintomas, sugiro o capítulo 17, "Condição humana", de *Em busca de si mesmo*.

Porém, se não consigo assumir que bebo e não sou capaz de aceitar que essa é a minha realidade sem me julgar, punir ou me condenar por isso, como posso analisar essa realidade? Não é possível, pois, se não aceito, se me julgo, eu logo a reprimo.

O que estou tentando mostrar é que, primeiro, não temos como fugir de alguns aspectos que nos pertencem. Eles precisam ser reconhecidos, e essa é uma estrada tortuosa à qual precisamos nos lançar; é um percurso que não se realiza pela racionalidade, pelo intelecto. Segundo, a energia que nos leva a determinados caminhos dolorosos é a mesma que nos conduz a vivências mais profundas e significativas; ou seja, livrar-se dessa energia é livrar-se do suposto problema que o moralismo determinou, mas também é abrir mão das experiências significativas e preenchedoras que ela sustentaria. E pior: ao fazer isso, estaríamos isentos de rever nossas concepções morais porque nos manteriamos plenamente adequados a essa sociedade hipócrita e pautada em aparências, baseada em desempenho e exterioridade; isto é, estaríamos esvaziados de nós mesmos.

Os aspectos sombrios não conscientizados nos conduzem aos problemas, e os aspectos sombrios conscientizados nos levam além! Não deixe que os discursos moralistas o confundam!

O reconhecimento e a integração da sombra correspondem à assimilação de uma força que impulsiona você para voos ainda mais altos.

Há um exemplo excelente disso, relacionado à humildade. A pessoa se acha humilde, cuida da própria conduta para não ter ações nem reações que a exaltem e está sempre munida de desculpas ou justificativas. Mas essas ações não produzem nada na vida. O sujeito não é criticado por quase ninguém – ao menos que ele saiba –, e aparentemente não produz grandes danos às suas relações. Entretanto, para além disso, não constrói nada de efetivo, não transforma nada significativamente, não vai a lugar algum. Assim é porque, em razão do modo como o sujeito está conectado ao que precisa ser, ao que idealiza, a força chamada "orgulho" ou "soberba" vai para o inconsciente (atuando de lá sem que o ego a identifique). Porém, este é o drama: o que de fato esse sujeito esconde não é o orgulho. Não se pode ser tão simplista e nem tentar analisar as coisas pelo viés moralista, que não nos ajuda a avançar em termos de autodescobrimento. O que ele está ocultando é uma energia, uma força de realização, um impulso de ser no mundo. E essa força, ao atuar, também dá margem para que ele seja considerado orgulhoso pelos que agem de maneira diferente.

Veja se me entende. A equação pessoal, isto é, a personalidade, fará uso dessa energia de várias formas, e, por ser parte da condição humana, uma das manifestações dessa força será pela via do orgulho. Ela fará surgir o desejo de se aparecer, a dificuldade de conter reações, o receio de não ser aceito, e tantas outras *nuances* que caminham todas juntas.

Quero convencer você de que, nesse caso, o preço de realizar coisas na vida e apreciar a si mesmo implicará, não poucas vezes, ser visto como orgulhoso. Não fosse assim, a outra alternativa seria optar por não realizar mais nada e, por isso mesmo, não ter a menor noção do próprio valor, tal como um saco vazio que não para em pé.

No estudo do mito individual, Whitmont afirma:

> Muito daquilo que antes parecia mau, ou pelo menos compulsivamente perturbador, revela-se apenas primitivo e, logo, capaz de crescimento construtivo. Os impulsos instintuais, assim transformados e amadurecidos, deixam de ser fontes de perigo moral, de

> tentação ou de pecado; tornam-se, ao contrário, originadores de novos impulsos criativos e possibilidades de expressão que, consequentemente, ampliam o escopo da personalidade e, com ele, a vida inteira" (2014, p. 85).

Para compreender o que ele quer dizer com "ampliam o escopo da personalidade", é preciso superar os moralismos que castram e reduzem a personalidade a pretexto de ser uma pessoa boa, bela, adequada e "que vai para o céu".

Ampliar a personalidade é ampliar a percepção que temos de nós mesmos, de nossas possibilidades e realizações. Contudo, o preço disso é a morte das idealizações, o enterro do suposto sublime e a aceitação do humano.

O que Whitmont está nos mostrando é que, à medida que aceitamos a ideia de orgulho – no exemplo que ofereci há pouco – ou de carência atrelada à sexualidade, no caso do pai do meu amigo, e convivermos com essas energias, elas vão ganhando outros traços, os quais nem poderíamos imaginar antes de todo esse processo.

O motivo está no fato de que todo elemento negado, como Jung disse, é imaturo, é infantil; e, conforme o ego vai se relacionando com esse elemento, dando-lhe espaço para que se desenvolva, isso vai se estruturando na vida e conseguimos nos manifestar no mundo por outras vias. O primitivo vai ganhando outros contornos porque estamos nos relacionando melhor não apenas com a força que o move, mas também com quem somos.

Mas insisto em que você não se confunda: a transformação e o amadurecimento dos impulsos não correspondem ao embelezamento do homem segundo as definições arbitrárias das religiões, nem segundo os critérios interesseiros e superficiais da sociedade em que vivemos.

O amadurecimento psicológico se dá quando caminhamos em direção às verdades que nos compõem, aquelas que libertam, que realizam, que plenificam, mesmo que tenhamos que ser crucificados entre dois ladrões.

O preço de ser quem somos

Martinho Lutero é um ótimo exemplo do preço que se paga por ser quem se é. Na biografia escrita por Lyndal Roper (2020), ele é apresentado como um homem orgulhoso, arrogante, agressivo, que não tinha o menor receio – para não dizer que tinha prazer – em despertar ódio nos outros pelo que falava. Grande parte desse livro descreve um homem impositivo, de palavras baixas e ofensivas, e de muitas inimizades. Porém, a autora reconhece que a agressividade e a arrogância de Lutero davam a ele energia para desenvolver a própria identidade. Foi essa energia que o levou ao ápice da capacidade de ruptura, que lhe permitiu denominar o papa "anticristo" e se opor à igreja mesmo correndo risco de morte.

Poderia Lutero ter sido menos agressivo, menos impositivo, menos grosseiro, como em alguns momentos a biógrafa dá a entender? Teria ele cometido menos equívocos e, assim, não prejudicaria a obra que estava construindo? Certamente. Mas a questão principal é: se fosse diferente, seria Lutero? Se fosse menos agressivo teria feito tudo o que fez? Se pensasse mais antes de agir, teria mudado o rumo da história da Igreja Católica e dos abusos cometidos em grande parte do mundo? Haveria benefício em ter sido menos ele mesmo ou só teria atendido melhor às expectativas e aos discursos que alimentam a aparência? Qualquer homem mais ponderado ou contido não teria feito o que Lutero fez. Sendo assim, não teria cometido nenhum equívoco, não teria agregado nada ao mundo em que vivia, muito menos teria marcado a história tão positivamente.

O questionamento que proponho tem a ver com essa insanidade de querer a melhor parte de cada coisa sem se dispor a pagar o preço do conjunto, de ser quem somos. Essa é uma ilusão que nos venderam, a saber, a de que, se extirpássemos os pecados, contivéssemos os impulsos e eliminássemos o mal, então seríamos bons e mereceríamos o céu. Acontece que hoje a psicologia vem para desfazer essa grande falácia e nos dizer que a plenitude é reservada ao homem integral, não ao homem polido, contido, adequado, desenvolvido, impecável.

É interessante pensar que Martinho Lutero acreditava na salvação pela graça, e não pela *performance* ou pelas trocas que a Igreja Católica tentava convencer os homens a realizar, entendidas como atitudes adequadas que agradariam a Deus. Acredito que essa concepção que Lutero tinha do divino como uma força de amor incondicional, independente de quem somos, foi uma importante base interior para que ele se assumisse como era e se permitisse o que se permitiu.

Muito parecida com a história de Lutero é a de Tereza de Calcutá, figura que já foi criticada porque não oferecia um serviço cuidadoso. Há quem diga que as condições de saúde nos locais em que ela atuava eram extremamente precárias, e eu até acredito nisso. Mas me pergunto: se ela fosse uma pessoa mais ponderada, mais prevenida e mais atenciosa com as condições de higiene, teria largado o convento onde morava e ido para as ruas, sem sequer saber onde dormiria e o que comeria? Se fosse melhor do que de fato foi, ela teria marcado a história e feito a diferença na vida de tantas pessoas que morreram em seus braços sentindo-se acolhidas e valorizadas? Ou será que estaria até hoje planejando o que faria, sem ter feito nada, a exemplo da grande maioria?

A filosofia do autodescobrimento nos estimula a colocar a métrica comportamental e moralista de lado para então reconhecer quem somos em nossa integralidade, com tudo aquilo que é belo e admirável e também com o que é considerado feio e reprochável, mas que nos compõe e, por isso, nos sustenta.

Quero falar, ainda, sobre como comecei a identificar meu valor e a me sustentar. Não me refiro ao fato de eu dar palestras aos 12 anos de idade, nem ao de ter passado duas vezes numa universidade federal. Eu não conseguia enxergar meu valor no exercício da minha profissão, nem no salário que eu recebia, nem mesmo no suposto *glamour* de viver e estudar em Londres ou de publicar livros por uma das mais conhecidas editoras do Brasil. Na hora em que a alma clama, nenhuma dessas realidades externas pode nos preencher.

Quando a vida parece difícil, quando as coisas adensam e eu vivo dores e dúvidas inerentes ao ser humano, não me recordo dos meus pódios, nem do público, nem dos aplausos. Aquilo de que me recordo e que me sustenta é como atravessei cada uma das experiências que a vida me ofereceu. Eu me lembro do meu sentimento de solidão e incompreensão desde a infância; dos desafios sexuais com que eu me debatia, carente de orientação; de todos os rompimentos, relações difíceis e amores frustrados; das dissimulações e difamações às quais fui submetido por pessoas em cuja amizade eu acreditava e com as quais eu trabalhava por um ideal comum. Eu sou o homem que viveu todas essas rupturas, mudanças, recomeços, sobreviveu a tudo e aprendeu com isso. Assim, percebo que só consegui suportar tudo isso porque era arrogante, ousado, disruptivo, impulsivo, dramático, intenso, sexualizado, corrupto, egocêntrico. Certamente essas características me trouxeram muitos problemas, fecharam muitas portas, fizeram com que eu experimentasse vários arrependimentos. Mas o mais interessante é que hoje reconheço que não teria sobrevivido sem elas. O que me sustenta não é a parte bonita e aplaudida da minha vida, mas tudo aquilo que foi vivido com gosto, com verdade, com lágrimas e com constrangimento, pois ali me vejo vivo, despido, intenso, inteiro!

Sei que nenhum desses exemplos, muito menos o meu, serve como uma luva em você. Não são referências a serem usadas como uma roupa que se veste, porque isso seria apenas uma nova persona para se ajustar a algo que veio de fora. O que quero mostrar é que todos os exemplos mencionados provam a mesma coisa: somente aquele que tiver coragem de ser quem é poderá usufruir de dias de plenitude aqui nesta dimensão, sem precisar de promessas futuras. Afinal, o céu verdadeiro, a bem-aventurança, o valor incorruptível, intransferível e sustentador já está aqui, acessível a todos que caminham em busca de si mesmos!

Para não deixar dúvida

Não simpatizo com a ideia de sumarizar textos como este ou apresentar conclusões, ainda mais quando o objetivo da obra é abrir as percepções dos leitores para as diversas reflexões possíveis. Não me interessa fechar entendimentos como alguém que prescreve uma direção certa e um "modo de fazer" com garantia de felicidade.

Esse caminho acertado não existe, já sabemos disso. Temos clareza de que a direção é para dentro, mas até isso soa muito subjetivo.

Até quando entendemos o autodescobrimento como uma filosofia de vida, parece que os questionamentos nos colocam num labirinto. Em certas ocasiões, as coisas se mostram claras, temos algumas certezas; então, na página seguinte, ou no próximo vídeo a que assistimos, muito se desconstrói. Mas deixe-me dizer que o percurso é esse mesmo.

Caminhamos entre altos e baixos ou, como diria o psicólogo americano James Hillman, entre picos e vales. Há momentos em que as coisas parecem claras, enxergamos com mais facilidade e nos sentimos mais encorajados a tomar decisões. Há outros em que nos sentimos como num charco, onde a sensação de frio e umidade nos incomoda trazendo questionamentos, desconstruções e incertezas.

Porém, em se há algo de que você não deve duvidar em nenhum ponto desse percurso em direção a si é isto: o seu valor!

Escrevi este livro para mostrar que você tem valor; você não precisa fazer nada mais, em termos de atitudes ou comportamentos, para ser alguém valoroso. O que você precisa é aprender a olhar para si e descobrir aquilo que já está aí dentro, o que você já é, e então abrir as portas para tudo o que pode vir a ser.

A questão é que, para fazer esse movimento de autoidentificação e conseguir ter mais clareza do seu valor, você precisa dar alguns passos mais determinados em direção a suas verdades.

Assim sendo, primeiro eu lhe digo que nosso valor pessoal só pode ser percebido quando nos distanciamos dos discursos e das práticas do mundo e começamos a nos enxergar por dentro. Essa sociedade corrompida pela exterioridade, pela pressa, pelas *performances* e pelo consumo mais adultera o nosso valor do que nos auxilia a reconhecê-lo. Para mim, hoje, é inconcebível crer que alguém aferrado à sociedade, submetido aos valores ditados por ela e aplaudido pelas massas consiga de fato identificar o próprio valor.

Em segundo lugar, afirmo que o nosso valor só pode ser identificado quando aprendemos a nos olhar pelos próprios olhos. Mesmo que tenha sido criado por pais amorosos, atentos, que o validavam e estimulavam seu desenvolvimento, você estava sob olhares e expectativas alheios. Ninguém além de nós mesmos é capaz de saber mais sobre nosso percurso, nossas necessidades e nossas dores, nem sobre nossos potenciais e realizações.

O encontro com o próprio valor decorre da capacidade de conseguir se enxergar pelos próprios olhos, e não pelo olhar dos pais, amigos, chefes, subordinados, amantes, filhos ou qualquer outra pessoa.

Só você é capaz de mensurar sua história e compreender o caminho que fez para chegar até aqui. Só você sabe de todas as dores, constrangimentos, medos, superações, agressões, vazios e esforços que viveu para se tornar quem é hoje. Então, você é a única pessoa capaz de mensurar o próprio valor, de dentro para fora, com critérios altamente particulares e verdadeiros, sem se vender aos critérios do mundo.

Mas para isso é preciso se desvincular dos moralismos de hoje. Ou seja, se você ainda não consegue perceber seu valor é porque está preso a uma masmorra de julgamentos morais que o impedem de identificar o humano por trás do comportamento.

Não somos nossas atitudes, nem o resultado delas. Não somos nossas escolhas, nem nossos comportamentos. Somos o que há por trás e antes de tudo isso. Somos a falta, o medo, a dúvida. Somos a dor, a ferida, o constrangimento. Mas, ao mesmo tempo, somos a força, o vigor, a potência. Somos a decisão, a persistência, a superação. Além de tudo isso, somos o potencial latente em nós. Todas essas coisas, em perfeita combinação, nos fizeram alcançar o ponto onde estamos e nos levarão além.

Pelo simples fato de você ter chegado aqui, já é possível vislumbrar a beleza, o perfume e o valor. Só é preciso enxergar isso!

Seu verdadeiro valor está em ser quem você é.

Como palavras finais, expresso minha gratidão por termos trilhado este caminho juntos, por termos compartilhado esse percurso ao mesmo tempo lindo e doloroso. Se você não estivesse aqui, eu não teria escrito esse texto. Por essa via, a cada releitura, a cada parágrafo, no incentivo de auxiliar você a encontrar seu valor, eu também pude reconhecer outras características minhas e me fortalecer naquilo que sou.

Isso me faz compreender o mais profundo aspecto do nosso valor: a capacidade de nos relacionar, de nos conectar e amar quando reconhecemos quem somos.

O desafio é perceber que não podemos oferecer o que não temos e que não seremos preenchidos pelo outro nem pelo mundo.

Também é desafiador compreender que, quando estamos conectados a nós, confortáveis com as nossas verdades e conscientes de quem somos, as relações se dão de forma natural e o amor surge de modo espontâneo.

Por isso, entendo que, se nosso valor está em sermos seres humanos, somente poderemos experienciar a totalidade do nosso verdadeiro valor quando nos tornarmos um em humanidade.

Referências

BAUMAN, Z. *Vida líquida*. Rio de Janeiro: Zahar, 2009.

BÍBLIA Pastoral. São Paulo: Paulus, 2002.

BRANDÃO, J.S. *Dicionário mítico-etimológico da mitologia*. Petrópolis: Vozes, 2014.

CABANAS, E. & ILLOUSZ, E. *Happycracia*: fabricando cidadãos felizes. São Paulo: Ubu, 2022.

CAVALCANTI, R. *O mito de Narciso*: o herói da consciência. São Paulo: Cultrix, 1997.

ERASMO DE ROTERDÃ. *Elogio da loucura*. Rio de Janeiro: Nova Fronteira, 2011.

FRANCO, D.P. *Psicologia da gratidão*. Salvador: Leal, 2004 [Ditado pelo Espírito Joanna de Ângelis].

HAN, B.-C. *Capitalismo e impulso de morte*: ensaios e entrevistas. Petrópolis: Vozes, 2021.

HAN, B.-C. *Sociedade do cansaço*. Petrópolis: Vozes, 2017.

HOUAISS, A. *Dicionário Houaiss da Língua Portuguesa*. Rio de Janeiro: Objetiva, 2001.

JUNG, C.G. *Aion*: estudo sobre o simbolismo do si-mesmo. Petrópolis: Vozes, 2015 [Obra Completa de C.G. Jung, vol. 9/2].

JUNG, C.G. *Estudos alquímicos*. Petrópolis: Vozes, 2011 [Obra Completa de C.G. Jung, vol. 13].

JUNG, C.G. *O eu e o inconsciente*. Petrópolis: Vozes, 2014 [Obra Completa de C.G. Jung, vol. 7/2].

JUNG, C.G. *Psicologia e religião*. Petrópolis: Vozes, 2013 [Obra Completa de C.G. Jung, vol. 11/1].

LOWEN, A. *Narcisismo*: a negação do verdadeiro *self*. São Paulo: Summus, 2017. *E-book*.

MELO, F. *A liturgia do tempo*. (17. ago. 2012). Disponível em: https://www.youtube.com/watch?v=NNBdJ7crU2M

PESSOA, F. *Poesia Completa de Álvaro de Campos*. [S.l.]:Nostrum, [20--]. *E-book*.

REIKDAL, M. *Em busca de si mesmo*: o autodescobrimento como filosofia. Petrópolis: Vozes, 2022a.

REIKDAL, M. *Qual é o seu legado?* Petrópolis: Vozes, 2022b.

ROPER, L. *Martinho Lutero*: renegado e profeta. Rio de Janeiro: Objetiva, 2020.

SANFORD, J. *Os parceiros invisíveis*: o masculino e o feminino dentro de cada um de nós. São Paulo: Paulus, 1997.

SCHWARTZ-SALANT, N. *Narcisismo e transformação* do caráter. 2. ed. São Paulo: Cultrix, 1988.

STEIN, M. *Jung*: o mapa da alma. São Paulo: Cultrix, 2006.

TOLLE, E. *O poder do agora*. Rio de Janeiro: Sextante, 2004.

VINGE, L. *The Narcissus Theme in Western European Literature up to the Early 19th Century*. Lund: Gleerups, 1967.

VINGE, L. & JOHANSSON, N. Narcissus Revisited: Scholarly Approaches to the Narcissus Theme. In: SHARROCH, A.; MÖLLER, D. & MALM, M. *Metamorphic Readings*. New York: Oxford University Press, 2020.

WHITMONT, E. *A busca do símbolo*: conceitos básicos de psicologia analítica. São Paulo: Cultrix, 2014.

Conecte-se conosco:

- **f** facebook.com/editoravozes
- 📷 @editoravozes
- 🐦 @editora_vozes
- ▶ youtube.com/editoravozes
- 🟢 +55 24 2233-9033

www.vozes.com.br

Conheça nossas lojas:

www.livrariavozes.com.br

Belo Horizonte – Brasília – Campinas – Cuiabá – Curitiba
Fortaleza – Juiz de Fora – Petrópolis – Recife – São Paulo

EDITORA VOZES LTDA.
Rua Frei Luís, 100 – Centro – Cep 25689-900 – Petrópolis, RJ
Tel.: (24) 2233-9000 – E-mail: vendas@vozes.com.br